Pour Philippe,
avec ma vive amitié
19/12/2013

**Pierre Rabischong**

# Le constructeur

Édition : BoD™ - Books on Demand,
12–14, Rond-point des Champs-Elysées
75008 Paris, France.

Imprimé par BoD™
Books on Demand GmbH,
Norderstedt, Allemagne
ISBN : 9782322032884
Dépôt légal : août 2013

# Sommaire

*A mes chers amis,*
Pasquale, Umberto, Maurizio, Marco, Natale, Dominique, Emmanuel qui me pardonneront, je l'espère, de les avoir fait parler en mon nom.

*Et à tous ceux qui m'ont aidé par leurs précieuses remarques à donner à mon texte la consistance nécessaire :* Adalbert, Amande, Carlo, Claude, Didier, Dominique, Emmanuella, Jean-Pierre, Julien, Robert, Thérèse, Toniella.

## *Prologue en forme d'avertissement au lecteur*

Il est toujours difficile pour celui qui a écrit un livre d'appréhender la personnalité de son lecteur et son mode de réaction face à ce qu'il a écrit. Le livre est un ensemble de caractères fixés par l'imprimeur et c'est celui qui tourne les pages qui lui donne un présent et un passé, car le futur est à venir durant la lecture. A moins que pressé d'en voir la fin, le lecteur s'y précipite et le referme. Mais ce qu'il en a retiré reste pour l'écrivain un espoir et non une certitude.

Bien souvent il est vrai, la critique se charge d'autopsier le manuscrit et de livrer ses analyses – bonnes ou mauvaises –, qui vont sensibiliser les lecteurs potentiels. Aussi, comme lire un livre est un dialogue singulier avec la production d'un auteur que l'on ne voit pas et auquel on ne peut pas immédiatement faire part de ses commentaires ou de ses critiques, il est normal qu'avant que ne commence la lecture, l'auteur s'adresse directement à son lecteur.

Donc, cher lecteur, sans vous connaître, je voudrais vous expliquer en quelques phrases sans vous faire perdre trop de temps, ce que ce livre cherche à démontrer en parlant du « Constructeur ». Vous avez sûrement remarqué que nous vivons dans un monde fortement perturbé, avec cependant des progrès extraordinaires dans tous les domaines. Il y a aussi des conflits meurtriers que nous connaissons où qu'ils se manifestent, grâce à nos moyens de communication de plus en plus performants.

On parle de mondialisation ou de globalisation, ce qui fait que l'on peut difficilement vivre loin de tout.

Mais si nous sommes là pour en parler, c'est que la vie nous a été donnée avec sa complexité que nous ne percevons pas toujours très bien, mais que les spécialistes connaissent de mieux en mieux. Alors, comme nous sommes des êtres capables de penser et de comprendre, profitons d'un moment de vie pour y réfléchir. A la différence du livre que vous allez commencer, notre vie se déroule au jour le jour sans que le futur que nous imaginons ou espérons soit déjà inscrit et fixé. De même que vous ne pouvez pas me voir ou me parler, nous ne pouvons pas voir l'auteur de la vie. Il reste dans la coulisse et laisse se jouer cette pièce du théâtre de la vie, si diverse, aux allures de comédie gaie ou dramatique selon les acteurs et les circonstances, mais avec un baisser de rideau qui est toujours le même : la disparition des acteurs dans la trappe de la mort.

Donc, après avoir tenté de définir les règles du jeu de la vie et d'exposer les différentes conceptions quant à son origine, l'expérience acquise par l'écrivain, qui est une façon déguisée de dire qu'il a déjà épuisé une grande partie de son espérance de vie, peut permettre de donner au lecteur quelques conseils pour un mieux vivre, ou du moins pour éviter les erreurs et certains pièges, et enfin, surtout, pour conserver la joie « du savoir que l'on existe », bien qu'elle soit obligatoirement changeante et éphémère.

Doccia, Casa Sardelli, juin 2012

# I. DANS QUEL MONDE VIVONS-NOUS?

Comme le disait souvent Pasquale: « Nous pouvons vivre facilement notre vie sans savoir d'où nous venons et où nous allons, si ce n'est que la mort nous attend tous un jour ou l'autre ». Assis à la terrasse d'un café, nous pouvions voir passer devant nous une foule dense et aussi variée que peut l'être l'humain, défilant à la poursuite d'on ne sait quoi dans ce monde agité où tout doit aller de plus en plus vite.

Il était très agréable de pouvoir librement discuter avec Pasquale, un brillant esprit qui s'est fait au fil du temps une philosophie apaisante à partir de toutes les expériences qu'il lui a été donné de vivre. Ayant passé toute sa carrière à fouiller minutieusement d'une main sûre et habile le cerveau de patients angoissés, il sait ce qu'il faut attendre des autres, et particulièrement de certains de ses collègues perfidement jaloux de leur territoire et fiers de leur médiocrité. Il ne croit pas dans l'enseignement et pourtant ses propos sont toujours savourés par ses élèves et ses amis qui apprennent beaucoup de lui. Il disait aussi: « Je n'attends rien, je suis et c'est tout ! ».

L'une des premières réflexions qui vient à l'esprit quand on pense au monde dans lequel nous vivons, est que la technologie nous a envahis et nous a rendus terriblement dépendant. Qui peut se passer aujourd'hui de téléphone, de télévision, de voiture ou de l'Internet? Une panne d'électricité inattendue nous rend nerveux et désemparé. Il est certain cependant que toutes ces techniques sont des progrès évidents permettant de communiquer mieux et d'accéder à la connaissance dans tous les domaines.

Le monde entier est ouvert à tous. On peut aller au bout du globe pour un prix de plus en plus accessible. Un événement heureux ou malheureux dans n'importe quel coin du monde est immédiatement connu par la télévision qui diffuse tout au long des jours son lot de catastrophes en tous genres, de scandales financiers retentissants et d'aventures humaines de toutes natures: mariages princiers fastueux, enterrements de personnages illustres ou inconnus, assassinats sordides, guérillas tribales, camps de réfugiés hagards et squelettiques, incendies, tremblements de terres meurtriers, défilés de masses populaires, harangues de tribuns politiques sans conviction, rapts crapuleux, matches de sport à l'enjeu en apparence futile comme de mettre un ballon dans une cage ou courir le plus vite possible, grèves en tout genre de travailleurs voulant gagner plus en travaillant moins… Toute cette collection d'humains suivant leur chemin en essayant d'accéder au statut social le plus prestigieux avec une partenaire élégante et parfumée, des enfants qui travaillent bien à l'école, la maison achetée par un emprunt consenti facilement par des banquiers à l'humanisme du portefeuille, le jardin, la voiture, les vacances à la mer, le ski au printemps, le cinéma, le dernier tube du chanteur à la mode… et tout cela pour aller où ?

Mais en plus de tout cela, et réservé à une petite partie de la population, l'art sous toutes ses formes s'est développé depuis que l'homme est l'homme : peintures, sculptures, photographies qui remplissent les musées du monde entier. Une certaine musique veut rester classique en gardant les canons de l'harmonie, mais les lois de l'acoustique sont largement transgressées à notre époque pour nous donner des compositions bruitées souvent uniquement appréciées par ceux qui les ont produites. L'architecture évolue avec des matériaux nouveaux et des formes surprenantes. Depuis l'invention de l'imprimerie, les livres en tous genres, écrits par des poètes, des paranoïaques en mal de confidence intime, des philosophes moralisateurs, des politiciens corrompus qui ne croient pas l'être, des romanciers névrotiques mais aussi heureusement par quelques bons génies de l'écriture, s'accumulent dans les bibliothèques et les librairies, en finissant hélas pour beaucoup au pilon.

Et puis il y a les scientifiques, ceux qui cherchent sans trouver et ceux qui trouvent en courant après la gloire d'un prix académique ou d'une décoration. La publication dans des revues à comité de lecture devient le passage obligé de tous les chercheurs en mal de notoriété. Il faut reconnaître que les connaissances avancent vite et dans tous les domaines au point que les encyclopédistes, sachant tout sur tout, n'existent plus.

Parallèlement, et à partir de ces données scientifiques, se développent les technologies exploitées dans les industries de toute nature. L'homo faber qui taillait ses cailloux a disparu depuis longtemps et n'intéresse plus que les paléontologues qui traquent désespérément les origines du vivant en bâtissant des hypothèses attractives mais souvent imaginaires à partir de restes incomplets.

Toutes ces technologies contribuent largement au bonheur des humains mais malheureusement elles sont aussi dévoyées pour alimenter les guerres en moyens de destruction de plus en plus efficaces et terrifiants. Les rêves de paix universelle, bien que théoriquement possibles, sont effacés par la stupidité et la cupidité de dirigeants sans aucun scrupule dont souvent le premier budget n'est pas le social, mais l'armée, et par les marchands de canons qui ne cessent de s'enrichir dans ce contexte pernicieux.

Alors, de la discussion tranquille et sereine, on passe à l'angoisse et la désolation. Est-ce cela le monde dans lequel nous vivons ? Pouvons-nous échapper à cette lamentable évolution? Cette machine infernale peut-elle être stoppée ?

Dans la réalité de la vie, faite de tous les animaux et les végétaux qui nous entourent et qui sont présents sur la terre bien avant l'homme arrivé le dernier, un grand principe assure la continuité du monde depuis le début : la reproduction des êtres vivants. Elle a des ressorts si puissants que l'on ne peut pas l'arrêter. Certains ne pensent qu'à cela et passent leur temps à chasser le partenaire idéal. On peut, à juste titre, se demander pourquoi cette soif inextinguible et cette perte apparente de temps ? Quel en est le moteur efficace ? La réponse est sans aucun doute dans un paramètre important du maintien de cette force vitale universelle : le plaisir !

Le printemps est une merveilleuse saison, où dans tous les pays du monde les arbres poussent leurs feuilles et les fleurs se montrent avec leur robe chatoyante. Tous les animaux sur terre, dans les eaux des lacs et des rivières, dans la mer immense, dans les airs, se cherchent et se trouvent, exécutent des danses nuptiales magnifiques. Les mâles s'obstinent pour finalement réussir à copuler.

Quelle vaste extraordinaire symphonie pastorale ! Elle se déroule toujours avec les mêmes rites à coup sûr programmés, car comment imaginer qu'il faille que tous ces animaux réinventent tous les ans toutes ces danses rituelles. Et puis vient le ballet des nouveau-nés qui sortent des œufs couvés avec soin ou des ventres gonflés de toutes ces femelles se souciant aussitôt du petit déjà maladroitement sur ses pattes, mais qui vite trouve la mamelle ou le bec pour se nourrir. Ou encore ces œufs pondus par la tortue avec application dans un trou creusé dans le sable et recouvert pour éclore ensuite, en libérant des petits qui ont hâte de se diriger en rampant vers la mer, leur élément naturel, avec le risque en chemin de se faire manger par un oiseau affamé. C'est cela la lutte pour la vie, et voir ces mères surveillant leur petit et le défendant contre les prédateurs a quelque chose d'émouvant et de poignant.

Comment ne pas ressentir le lyrisme de cette force vitale universelle, puissante et renouvelée ? Toutefois l'homme parmi tous ces animaux est le seul capable de comprendre le problème et d'écrire des théories et des traités du bien faire.

Les animaux savent sans avoir besoin d'apprendre, car ils ont tous été très précisément programmés. L'oiseau qui commence à voler n'a pas suivi les cours d'une école de pilotage et le nautile, ce merveilleux coquillage, qui remplit sa coquille d'air ou d'eau pour trouver la bonne position dans la mer comme le sous-marinier qui remplit ou vide ses ballasts, ne sort pas d'une école navale.

En analysant plus attentivement ce problème, on peut chercher à comprendre ce qu'est le plaisir dont on parle comme d'un moteur puissant et quasi universel pour le maintien des espèces sur la terre. Les machines biologiques sont un ensemble de fonctions complexes dont la nature et les mécanismes échappent largement à l'entendement des pilotes qui les dirigent, y compris la plupart des humains.

Toutes les cohortes cellulaires de tous les organes ont besoin d'énergie pour fonctionner correctement. Où trouver cette énergie sinon à l'extérieur du corps dans ce que nous appelons des aliments. Comment persuader le pilote ignorant qu'il faut absorber cette source d'énergie pour survivre ? Une réflexion simple amène à la nécessaire notion de besoin.

Il faut créer un besoin suffisamment fort pour être satisfait dans la juste réalisation des deux actions indispensables au maintien de la vie : se nourrir pour l'énergie et copuler pour se reproduire et assurer la permanence de l'espèce à laquelle on appartient. Ces deux facettes du « kit de survie » ont donc un moteur puissant : le plaisir. Il accompagne la satisfaction du besoin et tout est fait pour que l'on ne sen lasse pas.

Bien sûr il y a nécessairement des déviations qui perturbent le système en augmentant anormalement le besoin de manger, comme dans la boulimie qui déforme la silhouette ou l'envie de copuler, comme dans l'hypersexualité qui conduit à l'agression sexuelle voire au crime. A l'inverse, le besoin normal peut s'éteindre et donner naissance à l'anorexie qui peut aller jusqu'à la mort ou à la frigidité souvent culpabilisante.

Comment peut-on alors, face à ces impératifs majeurs de la survie biologique, persuader valablement des animaux encore plus ignorants que les hommes d'avoir les justes besoins et le plaisir qui s'attache à leur satisfaction ? Là s'impose logiquement la nécessité de mécanismes liés directement à l'organisation biologique et que nous connaissons de mieux en mieux.

L'obligation de se nourrir est basée sur un besoin métabolique. Le sang est un véhicule riche qui parcourt les kilomètres de vaisseaux du corps en apportant à toutes les colonies cellulaires les nutriments dont elles ont besoin : oxygène porté par les millions de globules rouges, sucre dont les neurones ont particulièrement besoin, protéines dont raffolent les muscles, calcium qui fait le dur de la charpente squelettique, et tous les autres ions utiles ou indispensables. Analyser les composants du sang et les mesurer permet donc d'avoir une idée assez précise du fonctionnement des organes et fait partie de la routine de la médecine moderne. La glycémie, qui mesure le taux de sucre dans le sang, est l'un des indicateurs du besoin métabolique qui active le centre de la faim situé dans l'hypothalamus, le centre cérébral qui règle et gère les grandes fonctions.

La faim induit un comportement de recherche alimentaire, qui chez l'animal le pousse s'il est mangeur de viande à courir après une proie en général mobile, ou s'il se nourrit exclusivement de végétal à rechercher une riche et verdoyante pâture. D'autres sont nécrophages et ont besoin de collègues qui leur préparent la provende.

L'homme qui a faim est aussi poussé fortement à la recherche de nourriture et, selon le type d'éducation qu'il a reçu, il peut même devenir violent ou volant. Ces vols de nécessité physiologique sont d'ailleurs le plus souvent pardonnés par les juges. Une fois son plaisir alimentaire ingurgité ou dégusté, il lui faut s'arrêter, sauf s'il est boulimique compulsif. Or, la chose n'est pas aussi simple. Ce n'est pas d'avoir l'estomac plein qui stoppe le processus, et l'arrondi abdominal prononcé de certains buveurs de bière en est la preuve.

Nous savons maintenant que des signaux partis de la cavité buccale vont bombarder le centre hypothalamique de la faim en l'obligeant à stopper le processus. Cette phase d'arrêt se nomme la « satiation ». Elle est beaucoup plus tard renforcée par la « satiété » qui est le résultat du travail métabolique de l'intestin qui doit filtrer tous les nutriments et les diriger en bon ordre vers le stockage du foie.

Tout est donc prévu et le pilote ignorant n'a rien à faire que de gaver l'entrée buccale et regarder avec horreur ce qui sort du tuyau en final et qui a une odeur de mort, évitant toute fausse manœuvre ou tentation morbide de boucler la sortie avec l'entrée. Souvent d'ailleurs, du fait de son caractère repoussant, la sortie se fait attendre et impose, le plus souvent à des femmes, de trouver tous les moyens anodins ou dangereux pour faciliter le transit jusqu'à l'issue anale. Donc là encore le maître-mot du système est « l'automatisation ».

Pour ce qui est de la copulation, le problème est le même. Si le plaisir reste le moteur puissant de l'accomplissement de la tâche sexuelle, l'objectif principal est de laisser des successeurs aux acteurs. Il faut bien comprendre que la diversité au sein des espèces vient essentiellement de la possibilité de réunir des modules génétiques différents venant d'un mâle et d'une femelle. Le travail le plus délicat est confié à celle-ci qui doit porter dans son ventre l'embryon puis le fœtus pour, à un terme variable d'une espèce à l'autre, lui donner la vie en l'introduisant dans notre monde avec des pleurs bénéfiques qui lui déplissent les poumons, ce qui est en fait l'apanage exclusif du nouveau-né humain.

Pour en arriver là, tout le problème consiste alors à mettre « la petite graine du monsieur dans le tuyau réceptacle de la dame » comme on dit dans les cours d'initiation sexuelle pour les enfants bien élevés.

Chacun a ses organes spécialisés. Pour aller dans le tuyau de la dame, il faut une trompe changeante. Il est évident qu'il serait mal commode de se promener en permanence avec le bâton dressé. Aussi faut-il lui prévoir deux états différents, ce qui pose le problème de l'érection. Les sexologues qui sont rarement des scientifiques glosent à loisir sur le désir sexuel et ses déclenchements. Ceux-ci deviennent de plus en plus capricieux avec l'âge. Mais, sauf exception notable, on n'attend plus d'un vieillard qu'il fasse des enfants.

La fabrication des spermatozoïdes est une merveille de nanotechnologie, définie comme étant dans le domaine des 100 μ (le micron est la partie d'un millimètre coupé en mille morceaux). Le spermatozoïde est invisible à l'œil nu et mesure 60 μ de longueur avec 5 μ pour la charge nucléaire placée dans sa tête qui contient la moitié du plan d'un individu complet. Il a derrière la tête une batterie à base de mitochondries qui fournit l'énergie de propulsion au flagelle oscillant qui le termine et qui est fait de filaments de protéines contractiles, comme pour les muscles (actino-myosine et dynéine). Nous savons tout cela dans le détail grâce au microscope électronique. Reste le problème de la fabrication.

Celle-ci s'opère de façon permanente en 64 jours dans un canal dit séminifère qui, déroulé, a une longueur de 1 km sur un diamètre de 200 μ. Sûrement que beaucoup de géniteurs ne se doutent pas qu'ils ont dans cette poche extérieure que l'on appelle le scrotum et à l'intérieur des deux boules des testicules, 1 km de tuyau aussi fin dans lequel sont produits les spermatozoïdes. Les deux boules sont à l'extérieur car il ne leur faut pas une température trop élevée pour pouvoir faire leur travail de production dans les meilleures conditions.

Techniquement il faut que les cellules de base, les spermatocytes, contenus dans la paroi du tube séminifère assurent la différenciation du flagelle pour devenir des cellules matures utilisables pour la reproduction. A noter que leur programme fonctionnel est de courir ou plutôt d'osciller à la vitesse de 3 mm/min vers l'ovule, grosse cellule qui attend tapie dans la muqueuse de l'utérus que l'on vienne la féconder. La course se fait sur une quinzaine de centimètres avec le franchissement de la porte du stade dite col de l'utérus. Les concurrents heureusement sont très nombreux, environ 220 millions dans l'éjaculat d'un partenaire jeune et vigoureux. Un seul va gagner et dès qu'il a percé la paroi de l'ovule avec la pointe renforcée de sa tête (acrosome), la porte se ferme pour tous les autres.

Quelquefois l'œuf formé se divise en deux pour donner des vrais jumeaux (appelés homozygotes parce que nés du même œuf), qui peuvent avoir un seul placenta et un seul sac amniotique – ce qui pose problème –, ou deux placentas ce qui empêche les troubles nutritionnels parfois dramatiques pour l'un des jumeaux. Mais la mère peut néanmoins avoir deux ovules matures ou plus, prêts à être fécondés expliquant la naissance de « faux » jumeaux (hétérozygotes) ou de triplés, et plus rarement de quadruplés, voire plus encore. Il faut néanmoins savoir, pour la paix des ménages, que deux rapports sexuels différents en période ovulatoire peuvent donner des faux jumeaux de pères différents. On cite classiquement le cas d'une femme qui a accouché de jumeaux dont l'un avait la couleur blanche du père et l'autre la couleur sombre de l'amant, ce qui évidemment n'est pas facile à expliquer pour le médecin accoucheur.

Cette merveilleuse aventure qui crée un être nouveau, dès que les deux gamètes ont fusionné, mériterait de façon évidente l'admiration et non la destruction volontaire. Car on peut difficilement nier que l'avortement volontaire que les femmes revendiquent comme un droit apparemment légitime à contrôler leur propre corps, peut être en fait considéré comme un crime même si l'embryon n'a pas encore la conscience d'être une personne, mais a cependant tout à fait le droit d'exister en tant que tel.

Un aspect particulièrement intéressant de cette nanotechnologie high-tech est qu'elle s'effectue au mieux, mais sans un contrôle qualité possible. Celui-ci a été introduit par les japonais après la deuxième guerre mondiale sur les chaînes de montage des automobiles et étendu par la suite à toutes les productions industrielles de haut niveau technologique. Or, peut-on imaginer de mettre dans le testicule (quelle horreur !) deux techniciens hautement spécialisés, un pour attacher à l'aide d'un microscope le flagelle à la tête nucléaire et l'autre pour contrôler à la sortie du tube la qualité de la production. Bien évidemment, cela est une mission impossible, aussi les spécialistes des FIV (fécondation *in vitro*) savent bien que, dans un spermogramme normal, il y a de 15 à 20% de formes anormales. Ceci ne compromet pas les chances des millions d'autres spermatozoïdes propulsés dans le vagin en direction de l'ovule.

Ceci montre à l'évidence que le système est magnifiquement programmé pour garantir un taux de réussite élevé, mais néanmoins que tout n'est pas possible dans le programme homme.

Il est aussi très impressionnant de savoir que chaque spermatozoïde est différent des autres, comme une variation sur le thème du génome propre à chaque individu. Quand on pense au nombre de millions de spermatozoïdes qui se perdent, on réalise que, dans ce gâchis énorme, tout est fait néanmoins pour augmenter le nombre des humains. Et ces variations sont parfaitement perceptibles dans une fratrie où frères et sœurs ont une certaine ressemblance mais avec de nettes différences de personnalité et de caractère. Les parents sont d'ailleurs très contents de reconnaître ceux qui leur ressemblent le plus. On dit volontiers: « Celui-là c'est tout le portrait de son père... ou de sa mère ».

Le plaisir nécessaire dont il a été question pour encourager la copulation n'est pas dans la fabrication des spermatozoïdes, mais dans leur expulsion dans les voies génitales de la partenaire. Ceci s'appelle l'éjaculation et le plaisir très particulier qui lui est associé, l'orgasme. Là encore, les sexologues s'en donnent à cœur joie pour délirer sur l'orgasme qui étymologiquement veut dire « bouillonner d'ardeur » avec bien sûr toutes les nuances phonatoires que l'on peut trouver en fonction du niveau culturel ou des circonstances environnementales si variables.

Reste à savoir comment propulser à l'extérieur les spermatozoïdes? Et aussi, comment ne pas laisser ce processus vital au bon vouloir du géniteur qui pourrait décider au tout dernier moment de s'abstenir en se privant volontairement du fameux plaisir orgasmique? La solution est dans la mise en place d'une pompe formée par des muscles striés entourant le bulbe spongieux qui marque cette partie renflée de l'urètre que l'on peut sentir au niveau du périnée. Ces muscles, du fait qu'ils sont striés comme les muscles des membres, peuvent se contracter volontairement. La vérification en est facile en fin de miction (action d'uriner) en voyant la saillie d'un jet d'urine par leur contraction.

L'objectif n'est pourtant pas de faire sortir de l'urine, mais du sperme. Contrôler l'évacuation de l'urine se fait par un double sphincter placé à la sortie de la vessie. L'un fait de fibres lisses à contraction lente et involontaire garantit la continence durant le remplissage quasi permanent de la vessie. L'autre, strié, permet en cas d'envie forte due à la plénitude vésicale, de se retenir en contractant volontairement ce sphincter pour une durée assez brève, car il se fatigue vite et permet aussi d'interrompre à la demande le jet urinaire. Donc la pompe bulbaire, encore appelée spongieuse, doit fonctionner avec le sphincter urinaire lisse contracté et indépendamment de la volonté parfois velléitaire du géniteur. La solution technique est à rechercher dans les centres de commande du système situés dans la moelle épinière sacrée.

D'une façon générale, le système nerveux a trois parties principales :

— d'une part le système nerveux central (SNC) qui comprend l'encéphale, étymologiquement placé dans la tête avec le cerveau et ses deux hémisphères, le tronc cérébral et le cervelet placés dans la cuvette occipitale, ainsi que la moelle épinière (à ne pas confondre avec la moelle osseuse) placée dans le canal vertébral (rachis) ;

— d'autre part le système nerveux périphérique qui comprend tous les nerfs crâniens et rachidiens envoyant les ordres moteurs et ramenant vers le SNC les informations sensitives ;

— et enfin, le système nerveux végétatif, formé par le système sympathique avec sa chaîne de ganglions le long de la colonne vertébrale qui contrôle en particulier le calibre des artères, et son antagoniste complémentaire, le système parasympathique, qui contrôle toute la vie des viscères.

Dans la moelle, les entrées sensitives et les sorties motrices sont séparées et il existe dans sa partie inférieure lombaire et sacrée deux centres de commande, l'un pour l'érection – placé au dessus –, et l'autre pour l'éjaculation, placé en dessous.

Nous avons, par l'étude clinique et neurophysiologique de patients paraplégiques ayant la moelle épinière sectionnée, une connaissance plus précise du fonctionnement de ces centres. En fonction du niveau de leur lésion, certains patients ont des érections réflexes souvent appréciées en raison de leur longue durée, et d'autres les deux, érection et éjaculation. Beaucoup de personnes paralysées ont fort heureusement la possibilité d'avoir des enfants et il est recommandé aux centres spécialisés d'avoir un secteur d'explorations fonctionnelles capable de recueillir le sperme en utilisant une stimulation intra-anale électrique ou vibratoire pour déclencher l'éjaculation et recueillir le sperme.

L'érection et l'éjaculation sont en partie contrôlées par le SNC. On connaît les perturbations de l'érection en relation avec des troubles psychologiques pouvant inhiber le centre médullaire et qui nécessitent un traitement approprié, largement dépendant pour son succès du profil psychologique de la personne.

L'érection s'obtient par le remplissage des corps caverneux avec du sang artériel. Ceux-ci sont double et placés, selon une expression tout à fait adaptée à leur fonction, en canons de fusil.

Un sphincter original décrit par l'histologiste autrichien Victor von Ebner se trouve à l'origine des artères caverneuses. Normalement les artères ont une paroi souple et élastique qui contient des fibres musculaires circulaires lisses activées par le sympathique. De ce fait, leur contraction modifie activement le calibre du vaisseau en allant d'une vasoconstriction active à une vasodilatation passive, réglant ainsi le débit artériel. On appelle donc tonus vasculaire l'état de contraction de la paroi des artères.

A ce propos, il faut se rappeler que la propulsion du sang dans tout le corps se fait à l'aide d'une pompe à débit pulsé, le cœur, qui doit travailler vingt-quatre heures sur vingt-quatre, car son arrêt signifie la mort. Mais la force de la pompe ventriculaire cardiaque n'est pas suffisante pour irriguer les kilomètres du réseau avec, à la fin, des capillaires très fins de l'ordre de quelques microns, auxquels succèdent d'autres capillaires marquant l'origine du système veineux de retour.

L'efficacité de la propulsion est donc aussi, en sus de la pompe cardiaque, largement aidée par l'onde pulsatile qui se propage le long des artères souples et favorise la progression du sang jusqu'aux capillaires. Les hydrauliciens connaissent mal l'hydraulique en tuyaux souples, car les lois de l'hydraulique ont été écrites pour les tuyaux rigides. Quoiqu'il en soit, quand les artères durcissent par sclérose de leur paroi allant jusqu'à la calcification, la pompe cardiaque doit travailler beaucoup plus et ainsi apparaît l'hypertension si fréquente et dangereuse, si elle n'est pas traitée correctement.

Donc le sphincter d'Ebner, dont il vient d'être question, au lieu de diminuer, le calibre artériel l'augmente du fait de la présence de fibres longitudinales et non circulaires dans la paroi des artères caverneuses. Activé par les nerfs érecteurs du parasympathique, le sphincter se dilate activement et fait pénétrer dans les corps caverneux un afflux important de sang artériel.

La situation est la même que pour le remplissage d'une baignoire. Si l'on ne ferme pas la bonde placée au fond de la baignoire, celle-ci se remplit à moitié. Pour une érection complète, il faut donc un blocage du sang veineux de retour obtenu par la compression des sinus veineux situés sous l'enveloppe fibreuse des corps caverneux que l'on appelle l'albuginée. On peut d'ailleurs en appuyant sur la grosse veine bien visible sur la face dorsale du pénis renforcer l'érection.

Les deux corps caverneux sont surmontés par une formation spongieuse en forme de tête de serpent (le bien nommé !), le gland qui peut se remplir de sang durant l'érection et devenir turgescent. Il est en fait très innervé par de nombreux corpuscules sensitifs qui vont transmettre, quand on les stimule, manuellement, oralement (*fellatio*) ou par intromission, des messages sensoriels agréables, mais surtout qui vont activer les neurones du centre de l'éjaculation jusqu'à une « mise à feu » de toute la colonie neuronale entraînant l'éjaculation.

En revenant au problème de l'évacuation du sperme pour l'introduire dans le vagin, la pompe musculaire striée bulbo-spongieuse par action du centre médullaire de l'éjaculation va passer par plusieurs stades : d'abord une contraction forte des muscles dite phase tonique et ensuite une série de contractions espacées, dite phase clonique, ayant pour effet de propulser le sperme hors du pénis en une suite de jets d'intensité variable selon les personnes. Enfin, après 5 à 7 secousses, l'érection diminue progressivement et le gland reste pour un temps hypersensible. Le géniteur ressent alors outre la satisfaction du plaisir orgasmique, une certaine fatigue qui souvent le pousse au sommeil, pas toujours apprécié par sa partenaire. Ce processus une fois démarré ne peut pas s'arrêter par la volonté du géniteur et évite ainsi les velléités dont il a été question précédemment.

Alors, pour ceux qui connaissent un peu la neurophysiologie, ce processus particulier de l'éjaculation ressemble tout à fait au flambage de groupes de neurones corticaux déclenchant la crise d'épilepsie qui évolue aussi en trois phases : tonique, avec la contraction de tous les muscles entraînant une cyanose de la face par blocage de la respiration, puis phasique, avec contractions successives de tous les muscles, et enfin reprise de la conscience qui avait disparu en effaçant la mémoire de la crise. On désigne d'ailleurs en psychiatrie sous le nom de sismothérapie, plus médical «qu'électrochoc», la thérapie utilisant le courant électrique appliqué sur la tête pour secouer les neurones du cerveau en espérant supprimer les circuits perturbés de certaines affections psychiatriques.

L'éjaculation est donc une crise périnéale agréable, qui est la réponse intelligente au problème de la sécurité de l'injection des spermatozoïdes dans les voies génitales de la femme.

Maintenant il faut s'occuper du plaisir orgasmique des femmes. Il est incontestablement basé sur la même crise périnéale sans évidemment d'éjaculation, malgré ce que disent certains sexologues en constatant chez certaines femmes au moment de l'orgasme une sécrétion abondante de liquide. Celui-ci est en réalité issu des glandes de Bartholin placées à l'entrée du vagin et de l'exsudat normal de la muqueuse vaginale... ou quelquefois de l'urine vésicale. Cette remarquable lubrification, signe évident du désir sexuel, facilite d'ailleurs grandement la pénétration du pénis et ses va-et-vient. A vrai dire, l'orgasme de la femme n'est pas indispensable pour la fécondation et là est l'un des problèmes délicats de la sexologie.

Chez les femelles animales, il n'existe pas de crises périnéales lors de la copulation qui en général est rapide, hormis quelques contractions vaginales en période ovulatoire. En revanche, sans pour autant que le phénomène soit compris par la femelle, la copulation n'est acceptée qu'en période ovulatoire. On sait, en effet, que les femelles de toutes les espèces ont un cycle de préparation à la fécondation qui se manifeste par une hypertrophie de la muqueuse utérine et une ponte ovulaire au milieu du cycle d'un ou plusieurs ovules matures à partir de follicules visibles à la surface de l'ovaire.

Cette ovulation se fait dans le péritoine (expliquant la douleur abdominale typique chez certaines femmes) où un ou plusieurs ovules sont recueillis par le pavillon de la trompe utérine pour être transportés, grâce à une activité vibratile, jusqu'à l'utérus. Une faiblesse de cette activité avec transport incomplet et des spermatozoïdes particulièrement vigoureux expliquent la possibilité d'une grossesse extra-utérine qui impose une intervention chirurgicale.

Ce cycle est régulé par un mécanisme hormonal parfaitement réglé par l'hypophyse, cette glande endocrine de la base du cerveau qui est le chef d'orchestre de l'activité endocrine. Les hormones folliculine et progestérone s'occupent des deux phases du cycle, qui se termine en cas de non fécondation par l'effondrement du système préparé au niveau de la muqueuse avec saignement caractéristique que l'on appelle menstruation, ou règles. Celles-ci peuvent être douloureuses ou non et d'abondance variable, ce qui surprend toujours quand elles arrivent pour la première fois chez la jeune fille, future femme.

La femelle animale a donc en période ovulatoire une modification de son tractus sexuel que l'on appelle vulgairement « les chaleurs » et qui, par action hormonale, la rend réceptive à la copulation du mâle. Celui-ci en flairant le périnée reçoit par les phérormones un message positif déclenchant le rut. Presque tous les animaux y compris les insectes ont un stéréotype de copulation – a posteriori – « par derrière », ce qui garantit l'efficacité et empêche la fantaisie.

Les crustacés qui vivent dans une armure rigide ne peuvent copuler que par l'avant quand la femelle a mué en quittant sa coquille pour grossir. D'autres, comme le bonobo, une forme de chimpanzé, font de la copulation le geste social ordinaire utilisé pour dire bonjour ou apaiser une discorde. Ils le font toujours en face à face, sans avoir été éduqués pour cela, dans la position dite du « missionnaire », que ces derniers recommandaient à certains indigènes qui, par mimétisme animal, copulaient « a posteriori ».

L'homme n'a plus de stéréotype copulatoire et peut se livrer à toutes sortes de fantaisies posturales dictées par son imagination, mais quelquefois d'une acrobatie dangereuse. D'ailleurs des livres spécialisés dont le célèbre Kâma-Sûtra indien donnent une liste de positions que l'on a tout loisir d'utiliser.

Si la crise périnéale orgasmique n'est pas indispensable à la fécondation, le plaisir qui s'y attache est un juste droit revendiqué par les femmes. Un pourcentage non négligeable de femmes n'a jamais eu d'orgasme, mais seulement une forme de plaisir incomplet et frustrant.

Pourtant, elles ont tout ce qu'il faut pour cela (sans d'ailleurs toujours le savoir!). Leur tractus sexuel est une ouverture initialement fermée par l'hymen, une membrane plus ou moins épaisse mais qui en général ne résiste pas à la pénétration pénienne et peut même disparaître précocement du fait de la masturbation ou de l'utilisation de tampons pendant les règles. Cette ouverture est bordée par des replis cutanés, appelés fort justement petites et grandes lèvres, et elle est surmontée par un organe très spécial, le clitoris (la clé) dont la seule finalité fonctionnelle est le plaisir. Il a aussi des corps caverneux fixés aux branches ischio-pubiennes. Il peut avoir comme le pénis masculin une érection de sa partie visible en forme de gland abrité sous un capuchon et très riche en corpuscules sensitifs. Sa manipulation délicate et adaptée au désir variable de la femme aboutit à un état d'excitation qui, dans les bonnes conditions, conduit à la même crise orgasmique périnéale que chez l'homme avec une phase tonique démarrant l'acmé du plaisir, des contractions musculaires successives des muscles striés (phase clonique) entourant l'orifice vaginal et une terminaison laissant aussi le clitoris hypersensible, mais prêt à recommencer plus vite en général que chez l'homme.

Ce qui est intéressant à savoir est que le périnée de la femme a trois orifices: l'un antérieur sous le clitoris pour l'évacuation urinaire, l'un au milieu pour l'entrée vaginale et l'un en arrière, pour l'évacuation des matières fécales au travers de l'anus gardé par un double sphincter lisse et strié comme pour le conduit urétral urinaire. C'est en fait l'image d'une sorte d'union symbolique de la vie nouvelle donnée et de la mort à l'odeur repoussante des aliments en phase terminale.

Or, toujours pour les mêmes raisons de l'ignorance du pilote de la machine, on ne peut pas valablement séparer l'activité des deux sphincters striés à commande volontaire qui se contractent donc en même temps. De ce fait, le meilleur témoin des clonies de l'orgasme est le sphincter anal et il suffit pour s'en persuader de mettre un doigt sur l'anus durant la copulation.

Par ailleurs, l'absence fréquente de dialogue véritable et sans inhibition entre les amants et leur non moins fréquente totale ignorance du problème neurophysiologique de l'acte sexuel font que des préliminaires bâclés avec une trop brève et quelquefois brutale stimulation clitoridienne peuvent empêcher la femme d'arriver à l'orgasme. L'existence d'un comportement « animal en rut » du géniteur préoccupé exclusivement par son propre plaisir souvent imposé à sa partenaire fait que la femme, pour éviter les problèmes, peut en venir à simuler l'orgasme par des cris rassurants pour le mâle inconscient. Une grande partie de la sexologie est là.

De plus, certains sexologues ont une conception totalement fausse de l'orgasme qui n'existe réellement qu'avec le déroulement de la crise périnéale. Ils parlent aussi d'orgasmes clitoridien et vaginal, alors que le clitoris est l'organe principal et exclusif du plaisir. Bien sûr, certaines femmes sont plus sensibles pour l'un ou pour l'autre. Le fameux « point G » est plus ou moins un fantasme de sexologue, même si l'on a retrouvé et décrit en avant du vagin une concentration de fibres nerveuses évoquant un point particulièrement sensible qui, en réalité, se trouve noyé dans la couche glandulaire péri-urétrale.

La vérité est que l'activité sexuelle pour être épanouissante et équilibrante nécessite un minimum de connaissance technique et surtout une volonté partagée de se bien connaître, afin d'arriver, pas forcément ensemble, au plaisir orgasmique. Certains artistes sexuels, pour être sûrs de pouvoir satisfaire au mieux leur partenaire, retardent leur éjaculation ou en réduisent volontairement le nombre. Mais l'art n'est pas donné à tout le monde.

A la fin de ce long discours, nous pouvons comprendre que le monde tel que nous le vivons est sur les rails et a tout le potentiel vital pour continuer. En particulier, la sexualité et ses moteurs puissants maintiennent la biodiversité même si certaines espèces disparaissent, soit par la faute des humains, soit par celle du changement climatique. De plus, tous ces vivants qui s'agitent sur la petite boule-terre ont au-dessus de leurs têtes une indescriptible immensité formée par des milliards d'étoiles, de planètes et de galaxies dont nous ne connaissons pas les limites.

Nous cherchons toujours dans cet univers des collègues qui pourraient aussi se poser les mêmes questions et qui pourraient un jour nous rendre visite. D'aucuns pensent encore que la vie aurait pu venir de l'une de ces planètes habitables situées à des années-lumière de nous. Mais quand on réalise qu'une année-lumière, à raison de 300 000 km par seconde, représente un temps que notre esprit a du mal d'imaginer, on ne peut que rester stupéfait et étonné par notre insignifiance apparente par rapport à cette immensité. Et pourtant c'est là sûrement la vraie valeur de l'homme, individu unique dans toute l'histoire du monde et perdu, comme le disait Pascal, entre l'infiniment petit du monde quantique moléculaire et l'infiniment grand du cosmos.

Ainsi, sur notre petite boule-Terre, alors que chacun pourrait être pleinement heureux, tout va mal partout et la finance qui dirige tout et cherche ardemment le profit est dans une crise qui n'a rien d'orgasmique. Alors nous pouvons essayer d'analyser dans ce monde qui continue inexorablement sa marche en avant, quelles sont les règles du jeu dans lequel nous sommes les acteurs qui doivent s'y conformer. Quand on joue au bridge, ce ne sont pas les mêmes règles qu'au jeu d'échecs et il faut connaître les règles du jeu pour s'en sortir au mieux.

# II. LES RÈGLES DU JEU BIOLOGIQUE

On peut ainsi désigner une série de principes de fonctionnement des systèmes biologiques que l'on peut tirer de leur observation attentive avec tous les moyens modernes dont nous disposons. Nous avons derrière nous des centaines d'années de recherche expérimentale avec les instruments perfectionnés d'analyse biochimique des composants de base du vivant et des microscopes électroniques en progrès constant qui permettent d'aller au plus petit des structures cellulaires largement en dessous du micron, invisible à l'œil nu.

Nous avons aussi un énorme patrimoine culturel scientifique avec des millions de publications d'auteurs différents dont certains nous ont laissé des enseignements pérennes. Il est évidemment difficile de tirer de ce thesaurus considérable un schéma simple et accessible des règles qui dominent le jeu biologique. Nous pouvons cependant essayer.

## 1. LA PREMIÈRE RÈGLE DU JEU BIOLOGIQUE

Non contestable, elle est que tous les vivants ont une durée de vie limitée, très variable d'une espèce à l'autre, qui les conduit inexorablement à la mort. De plus, les organes vivants, quoiqu'apparemment bien conçus, ne sont pas inusables et accusent au fil du temps des dégradations successives. Nous avons tous notre printemps, notre été, notre automne et notre hiver à l'image de la nature.

Il n'est que de regarder l'album photographique de la famille pour s'en persuader. Tel magnifique jeune homme est devenu un vieillard difforme, voûté, au faciès ridé et au crâne désertifié par la disparition inéluctable d'une couverture capillaire jadis somptueuse. Finalement nul n'échappe à cette épreuve et les chirurgiens plasticiens et esthétiques ont fort à faire pour essayer d'effacer les injures du temps. Mais il y a encore suffisamment de personnes qui croient dans cette réparation possible et ils ont donc encore un bel avenir devant eux.

Pour ce qui est de la mort, il y a évidemment plusieurs façons de l'aborder. Comme nous ne savons ni le jour ni l'heure, on peut attendre sereinement qu'elle vienne nous prendre, ou bien vivre ce qui nous reste dans l'angoisse, ce qui n'est pas sans aucun doute la meilleure solution.

On peut aussi se préparer au départ en réglant toutes les affaires en cours et en distribuant tous ses biens à ceux qui sont proches en évitant ainsi les affrontements post mortem qu'en fait on ne verra pas. Certains dans une forme de spéciale perversité font un « testament-vengeance » en sachant qu'il déclenchera des luttes internes destructrices. Dans la réalité, mieux vaut ne rien avoir, car on ne peut rien emporter avec soi dans la tombe, contrairement à ce que croyaient les grecs ou les égyptiens qui avaient besoin que l'on mette à côté de leur dépouille des objets précieux et des offrandes pour le voyage ultime.

On peut aussi parler de la fin de vie terrible que connaissent ceux qui souffrent d'une manière épouvantable et qui finalement souhaitent ardemment mourir. Nous avons en médecine tous les moyens chimiques pour abréger les souffrances les plus insupportables d'une manière acceptable. Pourtant, les problèmes d'éthique sont souvent défendus par des personnes n'ayant jamais vu un patient dans cet état tragique de fin de vie où ne domine que la souffrance physique et morale.

De ce fait, l'euthanasie – signifiant étymologiquement « le bien mourir » –, est encore un sujet de discussion pour les politiques, alors qu'il devrait être laissé à la seule décision raisonnée et consciente de l'intéressé, s'il peut encore s'exprimer, de sa famille et du corps médical responsable. Il n'existe en tout cas dans aucune religion un texte obligeant à prolonger la vie quand elle est insupportable pour des raisons médicales. Ce n'est pas non plus un encouragement au suicide – décision purement individuelle, critiquable mais explicable.

Le point de vue le plus valable reste le biologique. La mort marque l'arrêt des fonctions vitales : circulatoire et respiratoire, avec en plus la fin du fantastique système de défense immunitaire qui fait circuler dans le corps ses milices luttant contre les intrusions d'éléments étrangers pour les neutraliser selon une forme de discrimination que nous nous efforçons vigoureusement de combattre dans nos sociétés humaines dites démocratiques.

En effet, le corps humain n'accepte pas « le non-moi » qui n'a pas sa marque de reconnaissance représentée par les antigènes I et II appelés HLA (de l'anglais, *human leucocytes antigens*). C'est une véritable carte d'identité moléculaire, différente pour chaque individu. Tous ceux qui mettent des implants dans le corps savent ce que coûte techniquement la biocompatibilité, c'est-à-dire l'acceptation par le corps humain de corps étrangers. De même, les transplantations d'organes (rein, cœur, poumons, foie, pancréas, main, pied, visage...) de donneurs normalement toujours bénévoles doivent pour l'instant être accompagnées d'un traitement immunosuppresseur permanent antirejet.

De la même façon, l'introduction dans le corps d'un germe agressif, bactérie ou virus, déclenche le système d'alerte et de défense en identifiant l'intrus qui est marqué avec un code spécial appelé antigène, auquel répond un anticorps formé d'une immunoglobuline, une protéine particulière produite par les lymphocytes B (pour *bone marrow*, moelle osseuse en anglais). Ceux-ci, une fois activés, peuvent produire jusqu'à 2000 molécules d'anticorps par seconde. Ces anticorps permettent de reconnaître et de neutraliser l'antigène. Des cellules spéciales, les macrophages, sont aussi mobilisées pour littéralement manger l'ennemi (phagocytose) dans les tissus, ce que font les polynucléaires dans le sang.

Existent en outre des lymphocytes T, pour thymus, une glande placée derrière le sternum où ils maturent. On en décrit plusieurs catégories désormais connues : « amplificateurs, auxiliaires, tueurs, suppressifs ». Chacun a son rôle précis à jouer et par exemple l'activité des tueurs peut être freinée par les suppressifs.

Les brigades lymphocytaires de défense prêtes en permanence à intervenir peuvent être appelées de n'importe quelle partie du corps, car elles ont leurs systèmes de communication propres utilisant un vecteur chimique, l'interleukine qui est capable avec ses deux formes, 1 et 2, de stimuler les producteurs d'anticorps.

Cette production est d'ailleurs largement exploitée par des équipes de chercheurs, à la suite du médecin et naturaliste anglais Edward Jenner qui traita en 1790 la variole en utilisant le pouvoir immunisant d'une maladie bénigne des ruminants, la vaccine. Ce principe a été repris brillamment par le génial Pasteur et poursuivi par les nombreux instituts qui portent son nom dans le monde entier.

Depuis, nombre de maladies épidémiques ont été éradiquées ou sont en phase d'éradication, comme par exemple la poliomyélite dont le virus attaque spécifiquement les neurones moteurs de la moelle et a laissé un grand nombre de personnes handicapées. La vaccination orale antipoliomyélitique, utilisée dans presque tous les pays, permet actuellement de protéger efficacement les enfants et les adultes de cette affection redoutable par ses conséquences motrices, à condition de ne pas oublier de la renouveler. Ceci est particulièrement important pour les touristes qui voyagent dans les zones infectées et qui peuvent encore à notre époque en être victime.

On ne peut quitter ce problème de santé publique sans parler de l'explosion récente du sida (syndrome d'immunodéficience acquise) dont le virus VIH (virus de l'immunodéficience humaine) avec ses deux formes rend difficile la préparation d'un vaccin efficace.

Une première infection par le virus détermine les séropositifs (34 millions en 2011) qui peuvent attendre jusqu'à dix ou quinze ans pour faire la maladie qui, à coup sûr, les tue. Il est d'ailleurs terrifiant de prendre conscience de cette forme de malédiction qui touche tant de personnes qui meurent indirectement de l'action du virus. Celui-ci en effet, après une longue période de vie clandestine intracellulaire, attaque la puissante armée lymphocytaire de l'organisme en la détruisant, permettant ainsi à d'autres germes en tous genres de profiter de la faiblesse de l'organisme pour l'attaquer aussi et le réduire à néant.

On sait heureusement maintenant prévenir cette maladie redoutable contractée en grande partie par voie sexuelle, en faire le diagnostic précoce et commencer à trouver les armes thérapeutiques efficaces pour la combattre quand elle survient et empêcher sa transmission. Toutes ces épidémies doivent faire réfléchir à ce monde cruel et implacable qui tue sans pitié des millions d'êtres humains.

Ce n'est pas décidément le paradis, tel que notre imaginaire nous le fait voir en rêve. Nous avons cependant maintenant des armes puissantes avec les antibiotiques introduits à la fin de la Seconde Guerre mondiale. Il faut savoir les utiliser intelligemment, c'est-à-dire sur des germes identifiés comme sensibles, avec une dose appropriée et sur un temps suffisamment long pour éviter les résistances bactériennes ultérieures. En effet, les bactéries ont le pouvoir de modifier leur génome pour s'adapter à l'attaque d'un antibiotique et devenir des germes résistants. Cela encore ne contribue pas à montrer que le monde dans lequel nous vivons est un paradis.

Pour revenir à la mort inéluctable et en partie imprévisible, elle stoppe la machine et en particulier la formidable armée immunitaire que nous venons d'analyser. Alors c'est la libération de tous ces germes tenus en respect, les bons inoffensifs que l'on appelle commensaux, qui vivent tranquillement en bonne intelligence territoriale sur la peau et les muqueuses, et puis les mauvais.

On estime que tous les jours 100 millions de bactéries passent de l'intestin dans le sang et qu'il y a environ une centaine de milliards de bactéries dans 1 g de matières fécales, ce qui doit nous réjouir de pouvoir les éliminer tous les matins… quand cela se passe bien.

On comprend alors l'énorme travail des brigades lymphocytaires qui veillent en permanence comme des policiers intelligents et attentifs (cela existe encore) sur ces voyous bactériens. Sur un vivant, ceux-ci peuvent pénétrer par une brèche cutanée et entraîner une inflammation avec la cohorte classique : rougeur, chaleur, tuméfaction, douleur et tous les mécanismes extraordinairement intelligents de défense et de réparation.

Mais sur un mort, ils s'en donnent à cœur joie et n'ont personne pour les empêcher de dévorer les tissus de toute sorte entraînant cette horrible putréfaction avec cette odeur pestilentielle impossible à supporter sans masque. Les secouristes, qui passent leur temps dans les catastrophes, le savent bien par expérience.

La mort arrête aussi définitivement l'activité du cerveau et de tout le système nerveux. Il semble alors évident que penser n'est plus possible, ni parler, voir, ou entendre. Et cette situation est irréversible, ce qui engendre une insoutenable douleur pour ceux qui sont encore vivants, proches ou amis, qui n'ont de ressource que de se réfugier dans les souvenirs et les témoignages divers des amis proches. La mort efface tout, même les mauvais souvenirs, les erreurs et les comportements déviés. La survie de la mort est dans la mémoire des vivants. Ceci ne doit jamais être oublié et doit pousser à bien choisir ses amis.

Maurizio est professeur de philosophie et expert internationalement reconnu de la métaphysique qu'il essaye d'enseigner pour éviter qu'elle ne se perde, comme c'est malheureusement de plus en plus le cas. Il a écrit de nombreux ouvrages, fruits de ses profondes réflexions enrichies par son énorme culture. Il dit volontiers : « l'esprit ne peut pas disparaître complètement après la mort. Il reste à ceux qui nous ont quittés une forme de perception et nous pouvons sûrement garder aussi une forme de communication avec eux. Le pneuma, le souffle symbole de la vie pour les philosophes grecs et le logos, le verbe qui est à l'origine de tout, restent liés au-delà de la mort ».

Beaucoup pensent aussi que l'on peut communiquer avec les morts. Mais du seul point de vue biologique, la mort du cerveau équivaut à la perte de l'esprit et donc de la capacité de penser. Existe-t-il des phénomènes purement spirituels sans un cerveau pour les générer ou les recevoir ? Il semble bien que nous n'en ayons pas la preuve scientifique.

Tous les laboratoires qui se spécialisent dans la cognition et ses mécanismes, et qui étudient encore actuellement la télépathie – faculté de transmettre à distance des idées et donc des phénomènes immatériels –, n'ont pas encore apporté la preuve indiscutable de ces voyages sans support palpable des idées d'un sujet à l'autre. Et ce, malgré les nombreux faits anecdotiques rapportés dans l'abondante littérature consacrée à ce problème.

Évidemment nous utilisons de plus en plus le téléphone portable sans nous étonner outre mesure que l'on puisse entendre dans une petite boîte au format de plus en plus réduit la voix d'un ami situé à des milliers de kilomètres. Ce voyage d'idées et de paroles en apparence sans support matériel n'est il pas la démonstration d'une possible existence et présence de phénomènes spirituels désincarnés ? En réalité, il faut dire que pour arriver jusqu'à notre oreille, la voix de notre ami doit être captée, amplifiée et passer par de nombreuses antennes-relais. Ce monde invisible des ondes aux multiples fréquences qui nous entoure existe réellement et peut être mesuré avec précision.

Mais la communication avec les morts, pas plus qu'avec les extra-terrestres, ne peut être mesurée. De toute façon, cette perte irréversible dans la mort de l'esprit est désespérante, sauf pour les agnostiques et les athées qui s'en accommodent plus ou moins bien.

Nous nous posons tous la question de l'après mort. Existe-t-il une forme spéciale de vie après la mort ? La réponse que l'on peut donner en se plaçant du strict point de vue biologique est qu'il n'y a que le néant après la mort. Plus d'esprit, de pensée, de senti sinon le néant de la mort. Cela peut à juste titre nous déprimer en considérant aussi que nous avons perdu beaucoup de temps à nous occuper des autres au lieu de rechercher notre plaisir maximum, sans nous encombrer de principes contraignants.

Mais le « rien après » doit être corrigé, en analysant plus avant la conception ternaire de l'être humain : corps/âme/esprit, qui a une valeur historiquement universelle et que l'on retrouve dans une anthropologie chrétienne face aux sciences humaines actuelles qui s'appuient sur un concept uniquement binaire. C'est évidemment un problème complexe que de bien percevoir cette réalité ontologique ternaire de l'homme. Outre une riche tradition qui remonte à l'Antiquité, de nombreux écrits contemporains existent sur ce sujet et en particulier ceux de Jean Borella[1] et Michel Fromaget[2].

Il semble que l'on puisse aborder le sujet en considérant deux aspects différents mais complémentaires.

Le premier est biologique, au sens où il est mesurable et visible. Il s'agit de la relation entre le corps physique et sa capacité de penser due à l'existence du cerveau, organe complexe dont nous avons parlé avec ses fonctions neuronales multiples, qui disparaissent avec la mort : « *no brain, no mind* » disent les anglo-saxons, « pas de cerveau, pas de pensée ».

Une confusion peut s'introduire dans la discussion, car cette partie biologique indissolublement liée est appelée par certains l'âme (anima), celle que possèdent tous les « animaux » – le mot l'indique bien – mais avec des différences importantes avec l'homme dues au «Rubicon cérébral» dont parlait Keith pour signifier en particulier les énormes différences volumétriques entre les cerveaux. Quoiqu'il en soit, on peut inverser la séquence en parlant d'esprit, pour signifier les fonctions psychiques inséparables du cerveau qui les génère et qui se traduisent par les mots de *mind* en anglais ou *mente* en italien, seules

1. Borella J., Amour et vérités. L'Harmattan, 2011.

2. Fromaget M., Dix essais sur la conception anthropologique: corps, âme, esprit. L'Harmattan, 2010.

composantes ontologiques acceptées par les sciences humaines actuelles.

Le second n'est pas biologique et donc non mesurable par nos moyens techniques. C'est le troisième volet de l'anthropologie ternaire qui, pour les philosophes indiqués précédemment, caractérise l'esprit, c'est-à-dire les phénomènes proprement « spirituels », immatériels, non liés biologiquement au corps physique. C'est pour les chrétiens la présence en nous du Dieu créateur et une forme de transcendance, qui donne à l'être humain une dimension d'éternité, une forme d'immortalité laissant présager la retrouvaille d'un corps céleste lors de la résurrection. On peut, pour le bien comprendre, l'imaginer comme une carte d'identité individuelle (que l'on peut aussi appeler l'âme, *animus*) dans un code non biologique géré par le constructeur. Cette pérennité post mortem se conçoit logiquement par la foi en l'une des trois religions monothéistes, valorisant l'individu-homme en lui prédisant un futur immortel.

On doit également mentionner les expériences, relatées dans une abondante littérature, de personnes qui sortent d'un coma plus ou moins prolongé et qui racontent leurs impressions d'avoir vécu hors de leur corps (dé-corporation). Ils disent aussi avoir été dans un long tunnel, comme on peut le voir dans une peinture de Jérôme Bosch, au bout duquel une personne proche les attendait pour se déplacer dans un monde coloré plein de lumière et d'animaux de toutes sortes évoquant même pour certains le paradis. Le médecin et philosophe américain Raymond Moody[3] parle, après vingt ans de travaux sur ce sujet, de « la vie après la vie ». Plus récemment, un neurochirurgien d'Harvard, Eben Alexander III, a vécu une expérience au cours d'un coma post-traumatique qui lui fait penser que le paradis existe.

Or ces phénomènes dits d'expérience de la mort imminente (EMI) sont bien connus des spécialistes du

3. Moody R., La vie après la vie. Editions J'ai lu et Robert Laffont, 1977.

cerveau. Ils prennent leur origine principalement dans le lobe temporal du cerveau où se trouve un fantastique synthétiseur de sons et d'images colorées représentant des paysages et des personnages connus et inconnus, qui font la riche trame de nos rêves.

Il faut se rappeler que le rêve est une nécessité physiologique, car les neurones ne peuvent pas, au risque de mourir, arrêter complètement leur activité. Toutefois le sommeil déconnecte les aires de conscience ou plus exactement modifie les perceptions avec le rôle de certaines structures spécifiques du tronc cérébral comme le locus coeruleus et la formation réticulaire. Celles-ci sont responsables de l'éveil et de l'endormissement. Elles maintiennent les automatismes vitaux et principalement la respiration, mais isolent le sujet de la réalité ambiante, en le rendant « inconscient » et hors du temps réel. On sait en effet que la durée des rêves dont on se souvient est le plus souvent beaucoup plus courte que nous ne le pensons.

Donc ces sujets, qui sortent d'un coma, ne sont jamais allés dans la mort. Ils étaient toujours vivants, mais sans conscience ou avec une conscience dite minimale. Leur retour à la pleine conscience qui les réintègre dans leur ambiance peut se faire par étapes avec des phénomènes oniriques plus ou moins riches, en rapport avec l'activité neuronale principalement temporo-pariétale en voie de restructuration. Les investigations du cerveau de patients dans le coma avec la résonance magnétique fonctionnelle (IRMf) vont tout à fait dans ce sens, en révélant une activité cérébrale toujours existante mais perturbée chez les comateux, avec aussi des états de conscience minimale.

Quant aux phénomènes de dé-corporation, ils sont concevables dans la mesure où nous savons que le schéma corporel qui est le « senti de notre corps » est essentiellement construit dans notre cerveau à partir d'informations sensitives principalement cutanées, avec un aspect dynamique en rapport avec le rôle goniométrique important de la peau. De ce fait il n'est pas impossible de pouvoir le sentir hors de nous et ce, bien entendu, dans un rêve généré par le synthétiseur temporal.

Il est donc clair que le coma n'est pas la mort et personne, hormis Lazare, dont le corps était déjà putréfié quand le Christ l'a ressuscité, aurait pu nous en dire plus, ce qui n'a pas été le cas.

## 2. LA DEUXIÈME RÈGLE DU JEU BIOLOGIQUE

C'est que tout organisme vivant pluricellulaire est fabriqué à partir d'un plan précis et d'un programme de fabrication que nous appelons génétique.

Watson et Crick ont eu le prix Nobel en 1962 en découvrant en 1953 la structure de la molécule de la vie : l'ADN (acide désoxyribo-nucléique). Il faut cependant rendre un hommage particulier à Rosalind Franklin qui travaillait dans le laboratoire de Maurice Wilkins au King College de Londres et qui a sorti les premières images en diffraction de la double hélice qu'ont exploitées Watson et Crick. Elle est morte d'un cancer et n'a pu avoir la gloire qu'elle aurait largement méritée.

La génétique est en effet la clé de la compréhension du vivant. Darwin et Lamarck n'ont pas pu s'en servir, car elle a réellement commencé avec les travaux du moine Johann Gregor Mendel qu'il a présentés en 1865 à la Société d'histoire naturelle de Brünn. Ce travail sur les hybrides du petit pois (*pisum*) lui a permis de définir les lois qui portent son nom. Mort en 1884, il n'a pas eu à connaître la gloire, ses travaux ayant été redécouverts en 1900, entre autre par le hollandais Hugo de Vries qui en 1901 a décrit les mutations sur des plantes œnothères. Si l'on ajoute les travaux d'August Weismann qui a défini en 1883 l'isolement des cellules germinatives (les gamètes : spermatozoïdes et ovules) par rapport aux cellules somatiques, (c'est-à-dire de l'ensemble du corps), nous avons tous les ingrédients principaux pour essayer de comprendre ultérieurement l'origine des espèces. Mais auparavant nous devons faire un peu de sémantique en définissant précisément ce qu'est la nature et ce que sont les espèces.

On parle maintenant beaucoup de la « Nature», en lui prêtant des vertus qu'elle n'a pas. En effet, même les scientifiques disent et écrivent: « la nature a fait cela... a produit tel dispositif... ». En réalité, la nature n'est pas une puissance créatrice, capable d'innovation, et encore moins une personne. Elle est seulement et uniquement le « musée de la vie », c'est-à-dire l'ensemble des organismes vivants selon deux règnes distincts, animal et végétal. Elle a certes comme tous les musées du monde ses règles d'organisation et d'ordonnancement, mais qui ne sont pas des lois. On peut en effet classer tous les organismes vivants animaux et plantes selon leurs caractères propres et Karl Von Linné l'a bien démontré en créant en 1736 la nomenclature binomiale encore utilisée de nos jours.

La notion d'espèce doit être bien comprise, car elle a été interprétée de façon différente au fil du temps avec deux positions extrêmes: celle de Georges Cuvier en 1749, créateur de la paléontologie dite fixiste qui considérait que le nombre des espèces était déterminé à l'origine sans changement, et celle de Charles Darwin en 1859 pour qui l'espèce est un concept arbitraire et changeant annonçant le transformisme, c'est-à-dire la transformation des espèces à partir d'un ancêtre commun.

On peut finalement pour tenter d'en trouver la bonne définition se référer à un darwinien pur et dur, Ernst Mayr[4], né en Allemagne et qui a migré aux USA pour finir sa carrière à la prestigieuse université de Harvard: « l'espèce est une communauté reproductive de populations, reproductivement isolées d'autres communautés, qui occupe une niche particulière dans la nature ». Son élève Rietz a défini une liste de barrières empêchant le croisement entre espèces différentes.

Ce point est capital pour la suite du raisonnement. En effet si les espèces sont normalement isolées génétique-

4. Mayr E., La biologie de l'évolution. Hermann. 1981.

ment, ceci veut dire en clair qu'un chien, s'il copule avec un chat, n'a aucun espoir d'avoir une progéniture. D'ailleurs les hybrides qui sont les produits d'espèces très voisines comme le mulet né du cheval et de l'âne ou le tigron né du tigre et du lion, sont stériles, ce qui correspond bien à une volonté de valoriser le concept d'espèce.

De plus si on se rappelle que l'homme est arrivé historiquement le dernier sur la terre laissant celle-ci peuplée par tous les animaux que nous connaissons dans les airs et dans l'eau, la seule façon d'éviter un gigantesque chaos dans le musée de la nature est d'empêcher qu'une frénésie copulatoire des espèces entre elles soit productive. On peut d'ailleurs facilement vérifier que ce foisonnement anarchique interspéciel n'existe pas et n'a jamais existé. Alors la règle du jeu génétique peut être comprise dans ses détails.

L'ADN, la molécule de la vie, est une hélice faite avec deux brins, assimilable à une échelle avec des montants faits de séquences sucre-phosphate-sucre et des barreaux composés de couples de base avec un alphabet à quatre lettres : A (adénine), T (thymine), C (cytosine) et G (guanine). A et T ainsi que C et G sont toujours liés entre eux. En combinant un montant et un barreau de la double hélice, on obtient un nucléotide.

Le gène, dont la définition s'est un peu modifiée au cours du temps, reste une portion d'ADN avec une localisation précise sur les chromosomes que l'on sait maintenant identifier. Il peut contenir entre 100 et 100 000 nucléotides et la totalité de l'ADN contenu dans les 46 chromosomes du noyau d'une cellule humaine peut avoir des milliards de lettres, ce qui donne une idée des énormes possibilités de cette très grande bibliothèque. D'ailleurs, si l'on met bout à bout toutes les chaînes ADN des quelques centaines de milliards de cellules de notre corps, on obtient un minuscule ruban de vingt millions de kilomètres de long, ce qui correspond à 60 fois la distance de la terre à la lune !

L'ADN est ainsi le plan à partir duquel il faut construire un individu. Les matériaux utilisés sont des protéines et des acides aminés qui peuvent permettre de bâtir les différentes structures et d'assurer les réactions métaboliques complexes au sein des cellules, et dans ce cas on les appelle des enzymes.

L'ADN-plan possède pour chaque gène une copie fidèle d'ARN (acide ribonucléique) qui quitte le noyau comme un messager pour coder les protéines avec l'aide des ribosomes. Après la mise en route du vaste programme international « Human Genoma », on sait maintenant séquencer les gènes et décrypter les génomes propres à chaque espèce.

Ce qu'il est important de connaître est que seulement 5 à 7 % des gènes du génome codent pour les protéines et représentent la partie identifiable du génome. Le reste est pour le moment inconnu et est appelé par les américains : « *junk DNA* », un peu comme une sorte de « poubelle » génétique. Beaucoup d'hypothèses ont été suggérées à ce sujet, dont le fait qu'il s'agirait de vieux vestiges de l'évolution sans activité.

Mais la plus probable est que cette partie contient des indications sur le profil de chaque individu avec les prédispositions déterminées génétiquement pour des pathologies particulières, cardio-vasculaires, articulaires ou autres. Comme il est possible actuellement pour une somme raisonnable de se faire décrypter son génome, ceci ouvre la voie pour une médecine nouvelle de la « personne » et non plus de la « maladie ».

En effet, les médecins traitent des patients pour la même pathologie avec la même thérapeutique, alors que leur profil génétique est différent et donc aussi leurs réponses aux traitements proposés. Il est vrai que si nous connaissions très tôt les maladies que nous risquons d'avoir, cela pourrait favoriser la prévention, mais cela pourrait aussi créer une angoisse avec des comportements pseudo-suicidaires comme on en voit dans les addictions les plus fréquentes au tabac et à l'alcool.

Les cellules se reproduisent et se différencient dans les différents tissus du corps humain au cours d'un processus parfaitement réglé, appelé la mitose, durant laquelle l'ADN du noyau se sépare en deux parties similaires qui se placent aux deux extrémités de la cellule, et cette réplication s'achève par la séparation en deux cellules identiques.

Même si l'on n'est pas un spécialiste en génétique, il faut savoir que les 220 milliards de cellules de notre corps ont toutes le même ADN et que pour faire de l'os, du muscle, une glande, un neurone ou du sang, il faut impérativement que soient choisis les bons gènes codant pour les bonnes protéines. Le génome se réplique un million de milliards de fois au cours du développement de l'œuf fécondé à l'adulte.

C'est véritablement vertigineux et si l'on ajoute que les cellules intestinales vivent de 3 à 5 jours, les globules rouges 120 jours, les cellules du foie 480 jours (ce qui veut dire qu'il faut remplacer périodiquement 200 milliards de cellules), les 20 milliards restant étant essentiellement les neurones qui ne se reproduisent pas, cela devient incroyable. Et pourtant, c'est la réalité !

Pour ce qui est d'unir un spermatozoïde et un ovule pour créer un nouvel individu, le processus appelé méiose est plus délicat, car il faut apparier l'ADN du père à celui de la mère qui présente évidemment des différences. Or, certaines enzymes sont prévues dans deux boîtes à outils pour des réparations éventuelles sur les brins d'ADN. L'ADN polymérase peut ajouter un nucléotide manquant sur la chaîne de montage en choisissant le bon groupe phosphate. Une autre enzyme, l'exonucléase, peut éliminer des nucléotides non complémentaires sans stopper le processus de montage. Si l'erreur est trop importante, il y a arrêt de la fabrication et élimination du produit défectueux, ce qui est le cas pour beaucoup d'avortements spontanés.

Il faut donc être persuadé que la biologie est une science rigoureuse qui est pleine de nanotechnologies intelligentes et complexes, au réglage nécessairement très précis, et qui fonctionnent depuis les origines, sans laisser la place à des processus aléatoires ou à des improvisations hasardeuses. Certains biologistes, qui n'ont rien inventé et qui se contentent de découvrir des mécanismes existants depuis des millénaires, ont perdu l'émerveillement et l'enthousiasme face à l'extraordinaire machinerie cellulaire. Mais vous qui lisez ce livre, gardez-les précieusement, car c'est un vrai motif de bonheur simple et de joie de vivre. Vivre est un privilège magnifique et on doit se rappeler en permanence que nous le devons à nos parents qui, même s'ils ne sont pas plus parfaits que nous, ont eu le plaisir de nous fabriquer, quelquefois sans le savoir.

Dans cette prouesse technique de la construction d'un individu nouveau, il y a néanmoins quelques erreurs qui ont servi de base à une théorie ayant eu un énorme succès. Il s'agit des mutations découvertes par le botaniste néerlandais Hugo de Vries. Ce sont des changements non prévisibles et donc non programmables qui s'opèrent au sein de la complexe mécanique cellulaire high-tech. On est capable maintenant de les localiser avec précision avec une terminologie propre aux spécialistes. Ces erreurs peuvent toucher, soit un ou plusieurs gènes, soit un chromosome. Elles peuvent passer relativement inaperçues ou créer, heureusement avec un faible pourcentage, des malformations qui se transmettent par les femmes ou par les hommes selon leur caractère, domainant ou récessif, et également lié au sexe.

C'est par exemple la trisomie 21 identifiée génétiquement par Jérôme Lejeune et que l'on appelle le mongolisme en raison de l'aspect particulier des enfants qui en sont atteints. C'est évidemment une épreuve difficile pour les parents qui doivent montrer beaucoup d'amour pour s'occuper de cet enfant « pas comme les autres ». Mais dans ce cas il n'y a pas de transmission aux descendants, car la malformation les rend stérile.

Il y a évidemment de nombreux types différents de malformations que connaissent bien les spécialistes et pour lesquels davantage de traitements appropriés existent avec les progrès de la médecine. On sait aussi maintenant diagnostiquer *in utero* les malformations qui peuvent conduire à des avortements dit thérapeutiques, avec des polémiques d'ordre éthique particulièrement délicates.

On peut aussi créer expérimentalement des mutations en utilisant par exemple des rayonnements. C'est ce qu'ont fait dans les années 30, Thomas Hunt Morgan et son école de Pasadena en Californie, en choisissant la mouche du vinaigre dite drosophile *(Drosophila melanogaster)* en raison de sa rapidité de reproduction et son génome plus simple que le nôtre avec 13 767 gènes sur quatre paires de chromosomes seulement (vingt-trois pour l'homme).

Quatre cent neuf mutations par radiations furent obtenues avec tout ce que l'on peut imaginer de plus terrible pour la malheureuse mouche : des yeux de toutes les couleurs, pas de pattes, pas d'ailes, des pattes sur la tête... mais, chose importante, ils n'ont pas réussi à créer une espèce différente viable. Ce qui a fait dire à P.P. Grassé[5], le grand zoologiste français : « S'ils veulent illustrer par des exemples l'évolution en action, les darwiniens feront bien de ne plus proposer comme modèles le colibacille et la drosophile ». Car effectivement la drosophile est toujours la drosophile et il ne subsiste de ce travail que quelques variétés malformées à l'avenir très limité. Malgré cela, Morgan restera celui qui lança la génétique des populations permettant de suivre dans une population les mutations et les variations d'un gène ou d'un groupe de gènes.

Si donc tous les organes du corps humain sont formés à partir des gènes, on a tendance maintenant à donner plus d'importance aux facteurs épigénétiques depuis la démonstration en 1999, par la généticienne australienne Emma Whitelaw sur la souris, qu'une modification épigénétique, c'est-à-dire due à des facteurs extérieurs au

5. Grassé P.P., L'évolution du vivant. Albin Michel. 1973.

génome, peut se transmettre à la descendance. En d'autres termes, cela veut dire que l'expression phénotypique (aspect extérieur visible) des gènes peut être modulée par des facteurs environnementaux, mais sans modification du génome, ce qui laisse à celui-ci sa valeur déterminante.

On retiendra donc que la deuxième règle du jeu biologique permet d'éviter le chaos dans la nature et de maintenir pendant des durées très longues des millions d'espèces qui mènent leur vie en fonction de leur programme de construction.

## 3. LA TROISIÈME RÈGLE DU JEU BIOLOGIQUE

Elle peut se définir comme la pré-éminence du système nerveux dont il existe de très nombreux modèles expliquant les variations importantes rencontrées dans la nature pour des fonctions telles que la conscience ou l'intelligence.

D'une façon générale, on ne peut pas tout faire avec ce que l'on a reçu. Autrement dit, quand on a dans la tête un violon, on ne peut pas jouer du violoncelle. Cela laisse entendre que les aptitudes ont une base génétique forte. Jouer d'un instrument de musique peut être imposé à un enfant par ses parents, qui en jouent eux-mêmes ou qui, n'en jouant pas, souhaiteraient que leur progéniture en jouât. Mais sans l'aptitude héritée, le talent ne suit pas. On peut l'exprimer d'une façon plus brutale en disant que mettre dans une très bonne école un « crétin » congénital ne permettra pas d'en faire un génie.

De ce fait se pose le problème de la définition de l'intelligence. On peut dire que c'est la capacité à résoudre un problème après l'avoir compris. Cette définition générale peut s'appliquer à tout, mais oblige à des nuances. En effet on peut distinguer deux formes d'intelligence.

La première est dite spéculative : en puisant dans le stock d'informations mémorisées dans le cerveau et sans avoir besoin d'une entrée sensorielle extérieure, il est possible de faire un travail intérieur de raisonnement et de réflexion que l'on pourrait appeler une « mentipulation », c'est-à-dire une manipulation de concepts, dans laquelle n'intervient pas la main mais la pensée (*mente* en latin) d'où le terme de mentipulation. Bien entendu, pour être perçu comme une forme d'intelligence, il faut que cette mentipulation s'exprime par le langage parlé ou écrit.

La seconde forme est l'intelligence praxique ou pratique qui consiste à savoir résoudre un problème dans tous les domaines de la vie courante ou dans les professions qui nécessitent une certaine forme d'habileté manuelle.

Les deux formes peuvent se retrouver chez la même personne, comme par exemple un chirurgien qui doit savoir à la fois faire un bon diagnostic et savoir opérer avec habileté son patient pour obtenir un résultat clinique optimal. Quelquefois et heureusement pas trop souvent, il peut faire un diagnostic brillant, mais opérer un peu moins bien par faiblesse de son intelligence praxique. On voit aussi des intellectuels incapables de planter un clou dans leur maison et des plombiers qui s'intéressent peu à la lecture de Kant ou de Dante Alighieri.

C'est aussi le problème de l'éducation pour lequel s'invectivent les politiques de tout bord. Le : « il n'y a pas assez de professeurs » pourrait être éventuellement tempéré par le : « il n'y a pas assez d'élèves doués ». Mais il apparaît difficile de faire comprendre à des républicains pétris de « liberté, égalité, fraternité » qu'il n'y a pas d'égalité génétique et que chacun est un individu à part entière, avec du bon et du mauvais.

Cette inégalité foncière explique sans doute aussi pourquoi les neurones ne se reproduisent pas. Chacun reçoit à la naissance un stock de neurones qui sont très bien protégés et servis par les cellules gliales qui font tout : le service, le ménage, la défense. Incidemment, c'est une erreur de croire en l'hypothèse de Söemering qui disait que l'on perdait plusieurs milliers de neurones chaque jour, ce qui n'a jamais été démontré scientifiquement. On peut garder ses neurones pendant très longtemps jusqu'à l'automne de la vie et donc conserver, ce qui ne peut se faire qu'en l'absence de leur reproduction, la même personnalité et le même caractère. Ceux qui l'ont mauvais ont d'ailleurs peu de chance d'en changer, quoique l'on puisse atténuer certains aspects néfastes après une prise de conscience objective et une volonté forte d'un reconditionnement.

Cette pérennité des neurones qui ne se reproduisent pas crée un problème en cas de destruction de neurones par un processus pathologique, tel qu'un AVC (accident vasculaire cérébral) pouvant paralyser la moitié du corps (hémiplégie) ou une lésion traumatique du cerveau ou de la moelle épinière, car la perte des neurones est irréversible. Le système a été calculé large, mais la plasticité cérébrale dont on parle beaucoup ne peut être qu'une compensation imparfaite par des territoires neuronaux voisins.

Il y a évidemment les « cellules souches », qui sont ces cellules polyvalentes capables de se transformer en cellules spécialisées (musculaires, glandulaires, nerveuses, sanguines...) en fonction de l'endroit du corps où elles se trouvent naturellement ou quand elles sont introduites artificiellement par les chercheurs. Ceux-ci ne les ont pas « inventées », mais ils les cherchent dans la moelle osseuse ou le cordon ombilical, et bientôt chez l'embryon, pour les mettre en culture et les transformer en cellules utilisables pour la médecine « régénérative » (myocarde, parenchyme hépatique, noyaux gris centraux du cerveau...).

Ces cellules souches existent normalement dans une partie du cerveau consacrée à la mémoire (corps godronné de l'hippocampe) avec possibilité de générer quelques nouveaux neurones ou dans la muqueuse olfactive, où elles remplacent les cellules sensorielles de l'olfaction qui ne vivent que 60 jours, en contribuant à maintenir la fonction. Toutefois elles n'existent pas dans la moelle épinière ou dans le cortex cérébral et il est tout à fait illusoire de penser les utiliser avec succès pour traiter la paraplégie. C'est donner de faux espoirs à de jeunes paralysés, car ce n'est pas en injectant des neuroblastes ou des cellules souches transformées en neurones que l'on peut rétablir la continuité physiologique interrompue de la moelle épinière, qui est faite d'un million de fibres nerveuses dont la plus grosse mesure 25 microns de diamètre. Aucun résultat clinique sérieux n'a été obtenu jusqu'à présent chez l'homme.

Bien entendu le cerveau est un instrument de connaissance et on peut y faire pénétrer, grâce à la mémoire et à l'apprentissage, des tas de connaissances différentes, d'expériences vécues et de techniques diverses : cela forme notre culture dépendant beaucoup de l'environnement dans lequel on vit.

Mais les instruments cérébraux sont très différents d'un individu à l'autre en rapport avec les dimensions du cerveau[6]. Les gros cerveaux ont évidemment plus de possibilités neuronales que les petits, bien qu'il y ait aussi la façon de s'en servir qui peut beaucoup varier[7]. Certains mégalocéphales sont quelquefois en société moins brillants que des microcéphales. Mais là encore, il faut savoir décrypter[8].

Examiner le problème de la conscience implique de penser d'emblée à une fonction à plusieurs niveaux. Le niveau de base est de savoir d'une part où nous sommes à un moment précis et d'autre part qui nous sommes, ce qui présuppose la mémorisation de la carte d'identité. Il n'y a pas dans le cerveau de centre de la conscience, mais la nécessité de la mise en activité d'une masse critique de colonnes neuronales. En revanche, il y a dans le tronc cérébral un centre de l'éveil et du sommeil. Celui-ci qui supprime la conscience en maintenant les fonctions vitales, respira-

6. Willerman L., Schultz R. et all, In vivo brain size and intelligence. Intelligence,1991, 15:223–228.

7. Andreasen NC., Flaum M., Swayze V., Intelligence and brain structure in normal individuals. Am J Psychiatry, 1993, 150:1,130–134.

8. Van Valen L., Brain size and intelligence in man. Am J Phys Anthropol, 1974, 40:417–423.

toire et circulatoire, n'arrête pas la pensée. En effet, le rêve se développe de façon obligatoire pendant le sommeil car les neurones ne peuvent pas, comme nous l'avons écrit précédemment, s'arrêter complètement de travailler au risque de mourir. Il existe donc dans le lobe temporal du cerveau un fantastique synthétiseur d'images, de paroles et de sons qui nous fait revivre des situations antérieures, mais aussi des situations entièrement nouvelles dans des décors colorés et avec des personnages jamais vus auparavant. Le rêve est le terrain favori des psychanalystes. La mémoire des rêves est variable d'un individu à l'autre et ceux qui n'en ont pas ne sont pas de bons clients pour eux.

Nous avons par ailleurs une méthode extraordinaire pour analyser le fonctionnement cérébral basée sur la résonance magnétique fonctionnelle (fMRI) qui est capable d'identifier le flux sanguin qui alimente les neurones. Il est apporté plus de sang aux neurones qui travaillent plus (argument bien connu de certains politiques !). C'est un principe intelligent d'économie qui nous permet de voir les zones du cerveau qui travaillent à une tâche déterminée.

Une autre méthode récente d'images par diffusion permet de voir le tracé des fibres nerveuses et leur direction de transport de l'information (tractographie). On peut donc ainsi détecter les zones de conscience et ceci est très précieux chez les patients en coma après une atteinte cérébrale vasculaire ou traumatique. Il y a, comme nous l'avons dit, plusieurs niveaux de conscience. Les animaux ont incontestablement une forme de conscience qui leur permet de réagir aux situations qui se présentent. Par exemple, un animal qui chasse est conscient de la proie qu'il attend et qu'il poursuit. La mouche que l'on essaye d'attraper sur une table s'envole rapidement en sentant le danger. Le chien qui frétille en voyant son maître arriver est tout à fait conscient que c'est bien lui.

Donc on peut dire qu'il n'y a pas conscience sans connaissance et que le niveau de connaissance conditionne grandement le niveau de conscience. L'homme a un gros cerveau programmé pour apprendre, lire, parler, écrire, ce qu'aucun animal ne peut faire. Il est donc capable d'accéder au niveau supérieur de conscience qui est l'abstraction, c'est-à-dire d'arriver au concept à partir d'une observation.

Par exemple les hommes utilisent couramment des outils, ce que peuvent faire aussi les animaux, mais ils sont les seuls à pouvoir élaborer le concept de l'outil ce qui leur permet de le conserver pour un usage ultérieur et de le perfectionner constamment. Les chimpanzés que l'on ne cesse d'étudier en laboratoire sont capables de chercher un bâton pour attraper une banane haut perchée ou d'effeuiller une branchette pour l'introduire dans une termitière et en retirer des insectes à manger, ou encore de prendre un gros caillou pour casser une noix de coco. Mais personne n'a vu dans son monde naturel un chimpanzé se promener avec, enfermé dans une large feuille de bananier, le caillou qui lui convient bien, mis au bout du bâton qui lui plaît et porté sur l'épaule. Il n'a pas le concept d'outil.

De plus, la mathématique qui est un instrument précieux pour l'humain, est un langage créé et compris uniquement par lui. Il a aussi dans son cerveau deux centres interconnectés, l'un pour l'articulation des phrases et des mots de sa langue et l'autre pour la compréhension du parler des autres. Ces centres sont originaux et lui donnent une supériorité évidente. On dit et écrit encore que les singes ne parlent pas parce qu'ils ont le voile du palais trop long et le larynx trop haut, mais c'est complètement faux. Ils ne parlent pas parce qu'ils n'ont pas le centre du langage dans leur cerveau.

Bien sûr tous les animaux ont des signes d'expression plus ou moins riches. Les dauphins, qui ont un cerveau volumétriquement plus gros que les humains, ont 1500 signes de communication, une très bonne mémoire, mais pas de culture. Les oiseaux ont des chants propres à leur espèce et peuvent s'appeler ou reconnaître les membres de leur famille, mais cela ne va pas plus loin.

L'homme peut exprimer sa pensée par le langage et il peut même utiliser un langage intérieur sans formulation extérieure qui lui permet de se parler discrètement ou même de se chanter un air connu, sans que personne ne s'en aperçoive.

On peut donc se demander s'il peut y avoir pensée sans langage. En tout cas, il est certain que la qualité et la richesse du langage conditionne la richesse de la pensée.

A l'époque des SMS devenus pour certains adolescents leur principal moyen de communication, on peut être légitimement inquiet des mutilations orthographiques de plus en plus fréquentes et de la pauvreté affligeante du langage de certains jeunes et moins jeunes. Heureusement, ce n'est pas la totalité de la population et il reste encore, sans rapport avec l'âge, des intellectuels de haut niveau et pas seulement dans les académies.

Donc au final, on devrait avoir envie de se dire que la vie est belle quand on peut utiliser toutes les ressources de sa machine biologique. Quand elle se dégrade, ce qui est le lot habituel de l'hiver de la vie, il faut savoir se contenter d'utiliser au mieux ce qui reste sans regretter la félicité biologique antérieure. Mais personne n'est parfait et il faut s'accepter comme l'on est et pas comme l'on voudrait être.

Après ces considérations moralisantes, on peut maintenant analyser les diverses théories – et il y en a beaucoup – qui sont censées expliquer l'origine des vivants et non de la vie, car à cette époque lointaine, aucun observateur intelligent n'était présent pour rapporter ce qui s'était passé au tout début.

# III. COMMENT EXPLIQUER L'ORIGINE DES VIVANTS

C'est un sujet à coup sûr difficile qui a suscité une quantité impressionnante de publications pendant des millénaires. Mais pour nous faire une idée et adopter une position parmi toutes celles qui existent actuellement, il faut analyser les tendances et les réponses à deux questions essentielles :

1. Toute la complexité et l'intelligence technique du vivant que nous avons exposées avec suffisamment de détails pour être perçues, peuvent-elles être apparues et se développer, avec le maintien pendant des millénaires d'espèces différentes (de l'ordre de trois millions) et l'arrivée ultime de l'homme, sans une aide extérieure ?

2. Si toutes les espèces vivantes sont apparues spontanément sans une aide extérieure dans une succession historique que nous connaissons, ont-elles pu se donner naissance les unes aux autres à partir d'un ancêtre commun ?

A question bien posée, réponse ordonnée[9]. Avant d'entrer dans le détail, il faut avoir présent à l'esprit un certain nombre de faits importants.

D'une part, il est indiscutable que toutes les espèces connues ne sont pas apparues sur terre en même temps, mais selon un ordre historique que les scientifiques ont progressivement établi.

Cela s'est fait principalement par l'étude des fossiles, qui sont des restes de tissus durs, du type squelette et coquille, ou de tissus mous, comme des poissons, des insectes ou des feuilles. Ils ont été placés dans des couches sédimentaires déposées à une certaine période ou dans des roches à l'intérieur desquelles on peut les trouver comme « imprimés » du fait de leur inclusion dans la phase liquide de la roche avec mise en pression forte et haute température. Certains bancs de poisson ont été ainsi saisis dans un instantané du fait de la rapidité du phénomène en rapport avec le volcanisme pouvant combiner forte pression et haute température.

9. Rabischong P., Le programme Homme. PUF, 2003.

De ce fait la paléontologie qui est l'art d'accommoder les restes et la géologie qui s'occupe de connaître la nature des roches et des sédiments déposés en couches sont tout à fait complémentaires, bien que les scientifiques qui les animent ne soient pas toujours parfaitement d'accord entre eux.

Quant à la datation des fossiles, on observe un phénomène assez paradoxal et antinomique chez les spécialistes, qui donnent un âge à un fossile par la couche sédimentaire dans laquelle ils le trouvent et datent souvent les couches par les fossiles qu'elles contiennent.

On a cependant maintenant des méthodes plus précises basées sur l'utilisation de radio-isotopes tels que K-Ar (potassium-argon) ou même récemment par l'uranium. Mais les couches sédimentaires ne peuvent pas être datées par cette méthode et seule la lave qui les recouvre peut l'être. D'où de très nombreuses erreurs qui devraient conduire les paléontologues à revoir sérieusement leurs datations à la baisse.

On jongle en effet avec les millions d'années sans données précises pour ce faire, et quand on essaye de réaliser ce que représente un million d'années on se rend vite compte que l'on plonge dans l'imaginaire. Un million d'année de chiens copulant allégrement sans contrôle devrait avoir couvert la terre de ces sympathiques canidés, à la grande joie des sociétés protectrices des animaux. Mais ce n'est pas le cas.

D'autre part, nous savons que l'homme est arrivé le dernier et qu'il est le seul capable de comprendre la biologie et d'écrire des théories pour tenter d'en expliquer l'origine.

A ce propos, il est important de rappeler ce que doit être un scientifique. D'une façon générale, il fait des observations de faits reproductibles et qui peuvent être aussi observés par des collègues de la même discipline. Il y a eu beaucoup de pseudo-scientifiques (et il en existe toujours!) qui ont affirmé avoir observé un phénomène particulier, au besoin après une expérimentation mené par eux avec un protocole plus ou moins précis que personne n'a jamais pu reproduire. Ceci est évidemment la condamnation sans appel, mais qui n'intervient souvent qu'après la mort de l'intéressé.

Ayant accumulé et décrit des faits, le scientifique peut chercher à les expliquer et il est donc amené à formuler une hypothèse ou une théorie. Si celle-ci est validée avec des preuves indiscutables, elle peut devenir une loi que l'on ne peut pas discuter ou éventuellement un dogme que l'on doit accepter.

Le vrai scientifique doit donc avoir des idées (ce qui n'est pas toujours le cas), faire un programme de recherche et être parfaitement honnête dans l'analyse de ses résultats. On s'est aperçu qu'un nombre non négligeable de chercheurs trichaient sur leurs résultats pour justifier leurs théories ou pour obtenir un soutien financier ou même une décoration.

En effet, le chercheur scientifique est d'abord un chercheur d'or, car il ne peut pas faire de recherches sans moyens techniques instrumentaux quelquefois d'un prix très élevé et donc sans support financier. Peut-être seul un mathématicien ou un philosophe peut-il faire une recherche de haut niveau uniquement avec son cerveau, ce qui lui coûte peu mais pourra lui rapporter beaucoup en honneurs. Bien entendu les scientifiques existent dans tous les domaines de la science et le profil général qui vient d'être donné doit être nuancé en conséquence.

Pour en revenir au fait incontestable que l'homme est arrivé le dernier et qu'il est le seul à comprendre, cela veut dire clairement qu'aucun animal même intelligent ne peut intervenir activement dans le processus de mise en place des espèces au cours du temps.

Il est surprenant que certains puissent écrire par exemple : « Le crocodile s'est doté au cours du temps d'un sphincter dans le pharynx qui lui évite de se noyer en étant dans l'eau pour tuer et manger sa proie ». Le pauvre crocodile n'a sûrement pas pensé lui-même à se faire mettre dans un atelier spécialisé un sphincter pour pouvoir manger tranquillement ses proies sans se noyer.

Il en va de même pour tous les animaux. L'oiseau qui vole et qui comme la fauconette crécerelle est capable de faire du vol stationnaire à ailes battantes – ce que les ingénieurs de l'aéronautique n'ont pas encore réussi à faire –, n'a pas suivi de cours de pilotage pour savoir mettre ses rémiges dans le bon sens.

Les saumons qui retrouvent la rivière dans laquelle ils sont nés pour se reproduire, après avoir vécu dans la mer à de très grandes distances, n'ont pas de GPS dans la tête mais ont une mémoire préprogrammée très précise à partir de données olfactives. Le chat qui voit la nuit grâce à un amplificateur de brillance placé sur sa rétine n'a pas eu de mode d'emploi ni d'entraînement pour se servir de ce dispositif de haute technologie.

Les exemples sont innombrables et s'appliquent aussi à la symbiose plantes-insectes absolument incroyable. Nous savons par exemple qu'à chaque orchidée avec son pistil en forme de clitoris simulant le corps d'une femelle correspond une guêpe particulière qui, voyant ce leurre de femelle, se précipite pour copuler (toujours la frénésie copulatoire collective!). Dû à son poids, elle bascule en arrière et tombe avec son dos plein de poils sur les étamines couvertes de pollen qui se colle à lui. Alors elle repart bredouille et voyant une autre fleur identique, elle recommence sa tentative et en retombant, et surtout sans le savoir, elle féconde la fleur. Évidemment la guêpe n'a pas assez de neurones pour se rendre compte de son erreur somme toute bénéfique pour l'orchidée.

Mais néanmoins on est enclin à penser que cette symbiose incroyable des insectes fécondant les plantes n'a pas été inventée par eux et doit donc venir d'une programmation du processus par une intelligence technique supérieure et forcément de haut niveau.

Sachant tout cela, on en arrive à l'analyse des théories qui ont tenté et tentent d'expliquer le vivant. On cherche un début et on suppose une fin. Mais personne n'était là à l'origine pour expliquer ce qui s'est passé.

Alors une première tendance qui se dégage parmi les intellectuels et les scientifiques est de penser que tout s'est fait spontanément et que l'origine de la vie est à chercher dans la rencontre fortuite de molécules dans la soupe primitive qui se trouvait à la surface de la terre.

Dans cet ordre d'idées, il faut mentionner les travaux en 1953 d'un américain peu connu Stanley Miller qui à la suite du russe Alexandre Ivanovic Oparine décrivant une chimie prébiotique avec « coacervats » a cru reproduire dans un ballon les conditions physico-chimiques de la terre primitive en produisant avec des décharges électriques des composants organiques, briques potentielles du vivant. Mais inventer la brique n'est pas construire un monument.

Cela, en tout cas, aurait abouti à la construction de l'ADN, de l'ARN et des premiers organismes vivants, les bactéries unicellulaires. Puis celles-ci se seraient agrégées pour former des structures pluricellulaires et le manège de la vie aurait pu commencer avec sa loterie mutationnelle où l'on gagne par hasard des lots variés et colorés, qui sortent de l'eau, source de la vie, se mettent à courir sur la terre et à voler dans les airs. Le philosophe Leibniz nous dit que tous les êtres ne forment qu'une seule chaîne.

On arrive alors aux pièces maîtresses. D'abord le chevalier de la Marck, qui deviendra après la révolution française Jean-Baptiste Lamarck[10], botaniste brillant qui publie en 1809 sa *Philosophie zoologique* où il expose ses idées sur le transformisme en deux principes : un organe qui est très employé se fortifie et un organe qui n'est pas utilisé s'atrophie. La fonction crée l'organe. C'est ainsi que le long cou de la girafe vient de son habitude de chercher à brouter le feuillage des arbres. Le serpent à force de ramper

10. Lamarck J.-B. Philosophie zoologique, GF, 1994.

perd ses pattes. Le cygne et l'oie allongent leur cou pour trouver des larves dans le fond des eaux. Les cornes des ruminants leur viennent pour pouvoir se battre à coup de têtes, car leurs mâchoires ne sont utilisées que pour manger de l'herbe. Les carnassiers ont développé des gaines pour leurs griffes afin de les protéger quand ils ne s'en servent pas.

Ne connaissant pas la génétique et donnant au milieu et aux habitudes de vie des espèces une place trop importante, Lamarck a condamné sa théorie, ce que confirmera définitivement par la suite en 1883 August Weismann. Celui-ci en effet prouve l'impossibilité de la transmission génétique des caractères acquis durant l'existence, due à la séparation des cellules germinatives (spermatozoïdes et ovules) et des cellules somatiques.

En d'autres termes, cela démontre par exemple que le gros bras obtenu par un exercice prolongé du tennis n'est pas transmissible génétiquement à la descendance. Cette séparation a été quelque peu nuancée par la suite quand on a identifié les modifications possibles des cellules germinatives par des facteurs externes, tels que la consommation excessive d'alcool ou l'usage du tabac.

Alors vient Charles Darwin[11], qui a vingt ans quand Lamarck meurt, aveugle et dans la misère. Mais on doit quand même se rappeler que c'est Lamarck qui a inventé la météorologie en créant et publiant, de 1800 à 1810, ses « annuaires météorologiques ».

Darwin est un excellent naturaliste qui, comme Lamarck, voulait être ecclésiastique. Il obtient en 1831 grâce à l'appui de son parrain le botaniste Henslow d'être pendant cinq ans l'adjoint du capitaine Fitzroy sur le navire Beagle pour une longue croisière avec une escale fructueuse aux îles Galápagos. Ces îles à mille kilomètres des côtes de l'Équateur ont émergé de l'océan et de ce fait n'ont pu être

11. Darwin C. The Origin of Species by Means of Natural Selection or the Preservation of Favoured Races in the Struggle for Life, New York, Avenel Books, Crown Publishers, Inc. 1979.

peuplées que de poissons ou d'oiseaux et pas de mammifères, hormis les rats apportées par les bateaux, et des chèvres introduites assez récemment dans une île qui a vu rapidement disparaître toute sa végétation du fait de la protection écologique de ces chèvres imposée par la loi. De ce fait, elles vivaient tranquilles sans aucun prédateur.

Darwin ramène une extraordinaire collection d'observations minutieuses et s'installe en Angleterre à Down dans le Kent pour écrire de multiples ouvrages dont son fameux livre sur *l'Origine des espèces* paru en 1859. C'est un énorme succès avec la vente en un jour de la première édition tirée à 1250 exemplaires. Il pense que toutes les espèces viennent d'un ancêtre commun avec, à chaque génération, de petits changements progressifs (gradualisme) expliquant la longue suite des espèces apparaissant au cours de très longues périodes de temps.

Ayant pour amis des éleveurs qu'il voit sélectionner des espèces domestiques en choisissant attentivement les meilleurs reproducteurs, il imagine que la nature fait la même chose et il invente le concept d'une sélection naturelle qui ne conserve que ce qui est un avantage pour l'espèce.

Il s'appuie aussi sur les idées de Thomas Robert Malthus[12] qui affirme que l'augmentation de la population est beaucoup plus rapide que celle des ressources alimentaires et qu'en conséquence il existe une lutte pour la vie *(struggle for life)*. Herbert Spencer parlera de « survie du plus apte ». La conception de Darwin se diffuse très vite dans les milieux scientifiques et l'évocation d'un passage graduel d'une espèce à l'autre suggère le problème de l'origine de l'homme. En pleine période victorienne, Darwin indique une descendance possible à partir des singes, ce qui déclenche des polémiques violentes avec certains membres du clergé de l'époque.

12. Malthus T.R., Essai sur le principe de population. Flammarion, 1992 (1re publication,1798).

L'élément déclenchant de ce passage du simien à l'humain serait la bipédie. Debout, l'animal libère sa main, développe son cerveau et ses instincts sociaux. Toutefois cette cérébralisation paraissait à Darwin nettement supérieure chez les blancs et il prédisait que les Européens feraient la conquête du monde. Il était contre l'esclavage qu'il avait observé en terre de feu, mais il croyait profondément dans la supériorité des blancs. Le voisin des Darwin à Down, l'anthropologiste John Lubbock, considérait que ce que l'on appelait des sauvages pour désigner les tribus primitives étaient en réalité des « fossiles vivants » représentant une étape antérieure dans l'évolution de l'homme.

Ce que l'on a appelé le darwinisme social était donc un mélange de lutte pour l'existence et de sélection impitoyable des inaptes. A cette époque, Francis Galton inventa le terme « eugénique », en suggérant que les individus intelligents aient plus d'enfants et que l'on réduise les capacités procréatrices des couches sociales inférieures vivant dans les taudis.

Ce type de mode sélectionniste social a conduit aux épouvantables abus que nous avons connus dans un passé récent avec ces prétendues purifications ethniques terriblement meurtrières. Ce racisme insupportable n'a pas empêché Darwin d'être enterré en grande pompe en 1882 à l'abbaye de Westminster où il a actuellement pour voisins Newton, Faraday et Lyell.

La théorie de l'évolution de Darwin convenait parfaitement à tous ceux qui supportaient mal l'intrusion de l'Église dans les affaires scientifiques et qui trouvaient satisfaisant ce cheminement des espèces apparaissant successivement les unes à partir des autres, sans nul besoin d'invoquer un Dieu créateur.

Ernst Haeckel[13], en 1868, approuve entièrement les idées de Darwin et va plus loin encore en inventant sa loi biogénétique fondamentale affirmant que l'ontogenèse, c'est-à-dire la formation embryologique de l'individu,

13. Haeckel E.-H., Anthropogénie. Paris, Reinwald, 1877.

récapitule la phylogenèse ou succession évolutive des espèces. Ceci est encore malheureusement enseigné dans certaines écoles où l'on apprend que l'embryon humain passe par un stade de reptile, puis de poisson avec des branchies et un cœur à une seule cavité. Le même genre d'aberration se retrouve dans la théorie de Mac Lean[14] qui pense que coexistent dans le cerveau humain trois cerveaux hérités de l'évolution, dont un reptilien.

Parallèlement à ce développement du courant évolutionniste, la génétique – comme nous l'avons déjà vu précédemment – connaît une extraordinaire expansion. A la suite des recherches en 1865 du moine Johann Gregor Mendel définissant les lois de l'hérédité (caractères dominants et récessifs) oubliées puis redécouvertes en 1901, Hugo de Vries décrivit les mutations sur les œnothères, en montrant scientifiquement que des changements peuvent intervenir brutalement dans des plans génétiques. Ceci confortait les idées de Darwin sur les changements d'espèces.

A partir de là, le modèle darwinien prend de l'ampleur et inspire nombre de scientifiques. En 1947 est officialisée une théorie synthétique de l'évolution élaborée par un généticien Theodosius Dobzhansky[15], trois biologistes Ernst Mayr, Julian Huxley[16] et Ben Rensch et un paléontologiste George Gaylord Simpson[17]. Celui-ci publie un travail bien connu sur l'évolution des équidés qui se serait déroulée sur 47 millions d'années à partir d'eohippus gros comme un chat ayant une patte à trois doigts pour arriver à equus, notre cheval actuel avec une patte à un seul doigt. Il calcule qu'il y a eu au moins 1 500 000 mutations dans la généalogie du cheval.

14. Mac Lean P.D., Guyot R., Les trois cerveaux de l'homme. Trois cerveaux hérités de l'évolution coexistent difficilement sous le crâne humain. Robert Laffont, 1990.

15. Dobzhanski T., Génétique du processus évolutif. Flammarion, 1971.

16. Huxley J., L'évolution en action. PUF, 1956./ Evolution: the modern synthesis. Allen & Unwin, 1942.

17. Simpson G.G., Rythme et modalités de l'évolution. Albin Michel, 1950.

Il en vient à distinguer avec Goldschmidt la micro-évolution pouvant donner naissance aux sous-espèces, la macroévolution pour de nouvelles espèces et des sous-genres et la mégaévolution pour les grands sauts évolutifs. Il va sans dire que ce « cheval de parade » des néo-darwiniens n'est pas passé inaperçu. On doit aussi remarquer que les termes de micro- et macro-évolution font référence à un mécanisme identique et ne devraient plus être utilisés, si l'on n'accepte plus la théorie de Darwin, ce que nous essayerons d'expliquer par la suite.

Trois prix Nobel français, Jacques Monod[18], François Jacob[19] et André Lwoff en travaillant sur les bactéries ont montré que le milieu pouvait influencer le fonctionnement des gènes.

Monod a écrit son fameux livre, *Le hasard et la nécessité,* que tous les bien-pensants croient avoir lu et dans lequel, tout en parlant de téléonomie (équivalent de finalité), il affirme :

> « *Le hasard seul est à la source de toute nouveauté, de toute création dans la biosphère. Le hasard pur, le seul hasard, liberté absolue mais aveugle, à la racine même du prodigieux édifice de l'évolution.* »
>
> Et aussi : « *Si les vertébrés tétrapodes sont apparus et ont pu donner le merveilleux épanouissement que représentent les amphibiens, les reptiles et les mammifères, c'est à l'origine parce qu'un poisson primitif a choisi d'aller explorer la terre où il ne pouvait cependant se déplacer qu'en sautillant maladroitement. Il créait ainsi, comme conséquence d'une modification de comportement, la pression de sélection qui devait développer les membres puissants des tétrapodes... cet explorateur audacieux, ce Magellan de l'évolution.* »

---

18. Monod J. Le hasard et la nécessité, essai sur la philosophie naturelle de la biologie moderne, Le Seuil, 1970.

19. Jacob F., La logique du vivant, une histoire de l'hérédité. Gallimard, 1970. / Le jeu des possibles, 1983.

Au travers de ce lyrisme peu scientifique, on a du mal d'imaginer ce qui a pu se passer dans le cerveau de ce génial poisson primitif qui lui a permis de penser qu'il serait bon pour l'avenir de la planète entière qu'il se laissât pousser des pattes. Jacob invente la notion de « bricolage de la nature » qui sera répétée sans réfléchir par beaucoup et qu'il explique de la façon suivante :

> *« On a souvent comparé l'action de la sélection naturelle à celle d'un ingénieur. Mais la comparaison ne semble guère heureuse... parce que les objets produits par l'ingénieur, du moins par le bon ingénieur, atteignent le niveau de perfection qu'autorise la technologie de son époque. L'évolution, au contraire, reste loin de la perfection... la sélection naturelle opère à la lumière non d'un ingénieur, mais d'un bricoleur ; un bricoleur qui ne sait pas encore ce qu'il va produire, mais récupère tout ce qui lui tombe sous la main, les objets les plus hétéroclites, bouts de ficelle, morceaux de bois, vieux cartons pouvant éventuellement lui fournir des matériaux ; bref un bricoleur qui profite de ce qu'il trouve autour de lui pour en tirer quelque objet utilisable... ce genre d'opération ne diffère guère de ce qu'accomplit l'évolution quand elle produit une aile à partir d'une patte, ou un morceau d'oreille avec un fragment de mâchoire. »*

On a peine à croire qu'un prix Nobel qui s'est illustré par la découverte dans la bactérie d'un mécanisme complexe exécuté à un niveau nanotechnologique par l'ARN messager puisse se laisser aller à de telles formulations fantaisistes, qui, malgré ce, ont eu un grand succès dans le monde scientifique. François Gros, de son côté, décrit le mode d'action de l'ARN messager pour, à l'aide des ribosomes, transformer les acides aminés en protéines.

Tous ces « bricoleurs » de l'Institut Pasteur inventent le « génie génétique ». Mais à relire ce qu'ils ont écrit, on peut leur pardonner ces prises de position hautement critiquables, car ils ne sont en aucun cas des spécialistes des vertébrés et ils n'ont travaillé que sur les bactéries. Or, on sait que c'est avec la drosophile, sur laquelle en 1926 Thomas Hunt Morgan s'est acharné, en créant 409 mutations sans réussir à changer l'espèce, les deux exemples qu'il faut éviter de prendre pour démontrer l'évolution comme le disait très justement le grand biologiste français P. P. Grassé.

Pour ce qui est des sauts biotechnologiques importants tel que le passage des reptiles aux oiseaux, Darwin n'avait pas d'explication valable et se contentait de dire que notre collection de fossiles était trop incomplète ce qu'il invoquait également pour expliquer les organes complexes comme l'œil, qui en y pensant, disait-il, lui donnait la fièvre. Il faut cependant ajouter que Darwin, en bon naturaliste, était conscient de la difficulté d'apporter une explication satisfaisante à l'apparition d'organes complexes, quand il écrivait : « S'il pouvait être démontré qu'il existe quelqu'organe complexe qui n'aurait pas pu être formé par de légères modifications successives, ma théorie s'effondrerait complètement. »

Mais d'autres s'y sont attelés dont le remarquable biologiste écrivain Stephen Jay Gould[20] qui avec son collègue Nils Eldredge a proposé une théorie des équilibres ponctués (ponctualisme) faisant passer certains écosystèmes d'un état stable à un changement brutal pour s'adapter au mieux à l'environnement.

A notre époque, restent des darwiniens purs et dangereusement durs tels que le prolifique Richard Dawkins[21], biologiste à Oxford qui est un apôtre inconditionnel de la sélection naturelle. Elle expliquerait selon lui tous les systèmes biologiques les plus compliqués, y compris l'œil. Il se permet d'ailleurs de critiquer la construction de l'œil, en affirmant comme d'autres, dont Schuster de Vienne, que la rétine a été montée à l'envers. En effet, les cellules sensorielles cônes et bâtonnets tournent le dos à la

20. Gould S.J., Le pouce du panda. Grasset, 1984.

21. Dawkins R. Le plus grand spectacle du monde. Robert Laffont, 2010

lumière qui entre dans l'œil et qui est obligée de traverser toute la masse des fibres rétiniennes avant de les exciter.

Ceci montre bien qu'il n'est pas un excellent biologiste, car si c'était le cas, il aurait compris que ces cellules sensorielles ont besoin de beaucoup d'oxygène pour fonctionner et que la bonne solution est bien de les mettre au contact direct d'une membrane vasculaire, la choroïde, que l'on ne peut placer que dans le fond du globe oculaire. En outre, la choroïde est doublée extérieurement au contact de la sclérotique par un épithélium pigmenté qui fait office de chambre noire en augmentant le contraste et la résolution de l'analyse d'image par les cellules sensorielles.

On ne peut pas terminer ce paragraphe sans parler des exobiologistes, qui croient fermement à une vie extra-terrestre, ce qui est un bon prétexte pour essayer d'envoyer sur la planète Mars des humains pour voir s'il y avait eu de l'eau, source de vie. Heureusement l'opération est tellement coûteuse et risquée qu'elle ne se fera sans doute pas, en laissant à des robots le soin d'y aller voir, ce qu'ils ont commencé à faire à la Nasa dès 2004 avec aussi le nouveau programme Orion et le robot Curiosity qui vient de se poser sur la planète.

Tout ceci n'empêche pas de dépenser également des sommes considérables dans un programme appelé SETI *(search for extra-terrestrial intelligence)* qui jour et nuit essaye de capter dans l'espace interstellaire un message d'hypothétiques civilisations avancées comparables à la nôtre. Mais cela jusqu'à présent n'a rien donné de positif.

Alors, en face de cette énorme quantité de chercheurs et de penseurs ayant produit une littérature abondante essayant de démontrer que le monde vivant s'est fait tout seul (biogenèse spontanée), que peut-on opposer ? Il y a heureusement de nombreux tenants d'une hypothèse inverse suggérant qu'une puissance extérieure a construit tout ce que nous voyons dans la nature (le musée de la vie).

La conception théiste qui s'appuie sur un Dieu tout puissant, créateur du ciel et de la terre, tire principalement son existence de la Bible, ouvrage rédigé par plusieurs auteurs entre le VIIIe et le IIIe siècle avant J.-C. Cinq livres (le pentateuque ou la Torah des juifs, c'est-à-dire la Loi) forment le début avec un premier livre, la Genèse, qui décrit la construction du monde par Dieu en six étapes appelées jours avec la création de l'homme en dernier et celle de la femme Eve à partir d'un morceau d'Adam. La septième étape est un repos bien mérité du Créateur et nous continuons encore à vivre en semaines avec un jour de repos obligatoire hebdomadaire dont la localisation varie avec les religions. Bien que la Bible ne soit pas un livre de sciences, les étapes mentionnées correspondent assez bien à ce que nous savons de l'histoire du vivant.

Le Coran, apparu vers 632 après J.-C, comporte 114 sourates ou chapitres. Il est l'expression du prophète Muhammad transcrite par plusieurs auteurs avec des répétitions multiples. Il reprend dans la sourate 32 (Assadjat) la création du monde en six jours comme dans la Genèse.

En pleine période de diffusion de la philosophie grecque, le concept de la genèse théiste connaît historiquement un important développement en Europe et il faut retenir la contribution importante de William Paley[22], membre du clergé anglican. Il est l'auteur en 1832 d'une Théologie naturelle qui connut un immense succès.

On cite toujours le passage de son livre où, se promenant dans le désert, il marche sur une pierre et pense qu'elle est là depuis longtemps. En revanche, il y trouve une montre et en l'observant il remarque qu'elle a un mécanisme qui est fait pour donner les heures. Il affirme alors qu'il faut un ouvrier pour expliquer sa construction. Ses connaissances anatomiques remarquables lui permettent d'appliquer ce principe à l'œil et à l'oreille.

22. Paley W., Théologie naturelle ou preuves de l'existence et des attributs de la divinité, tirées des apparences de la nature. C.Pictet, Genève, 1904.

L'anatomiste suisse Louis Agassiz devenu professeur à Harvard assurera avec son collègue Asa Gray la promotion des idées de Paley en critiquant de façon véhémente les idées de Darwin.

A une autre période se développe aux États-Unis un courant protestant après la rupture d'Henri VIII avec Rome en 1533 et la promulgation de la réforme par Luther en 1530 et Calvin en 1536. Ainsi s'explique la naissance du fondamentalisme américain basé sur la publication de 12 petits livres de théologie chrétienne, *the Fundamentals,* et la lecture littérale de la Bible.

A partir de là, le créationnisme prend aux États-Unis une énorme importance et ne cesse de s'opposer publiquement au darwinisme. Une société de recherche sur la création est fondée en 1963 à Ann Arbor suivie par un « Institute for Creation Research » à San Diego dirigé par Henry Morris[23] et animé par Duane Gish, brillant orateur et auteur de nombreux ouvrages de qualité.

Comme européen, nous avons du mal de comprendre les combats violents sur ce sujet en particulier dans le domaine de l'éducation, qui prennent rapidement une couleur politique.

Pour s'en convaincre, il suffit de rappeler, d'une part le procès du singe en 1925 suite à la loi Butler promue au Tennessee interdisant d'enseigner que l'homme descend d'un ordre inférieur d'animaux et obligeant à enseigner la création divine de l'homme. L'ACLU, l'union américaine des libertés civiques paya un enseignant Thomas Scopes pour transgresser la loi ce qui a entraîné un procès mémorable enflammant l'Amérique entière. La loi Butler est restée active jusqu'en 1967. D'autre part, l'Act 590 est une loi de l'État d'Arkansas approuvée en 1981 qui obligeait les enseignants à traiter sur un pied d'égalité la théorie de l'évolution et celle de la création en s'en tenant cependant aux seuls arguments scientifiques. Cette loi a

23. Morris H., The long war against God. Baker book house, Gran rapids,1989.

été annulée en 1987 par la cour suprême des États-Unis. Plus récemment, il faut savoir que le combat continue avec par exemple le livre paru en 1996 de Philip Johnson, professeur de Droit à Berkeley, qui affirme que la métaphysique naturaliste sert de fondement à la foi darwinienne et est totalement incompatible avec le théisme.

Un remarquable biochimiste, Michael Behe[24], a publié un ouvrage qu'il faut avoir lu d'autant qu'il a été récemment traduit en français, *la Boîte noire de Darwin, l'intelligent design*. Il ne nie pas l'évolution, mais apporte des arguments biologiques incontestables qui l'amènent à parler de la « complexité irréductible » qui exclut toute possibilité d'une apparition progressive d'un système biologique complexe. Malheureusement l'*Intelligent design* placé de façon inconfortable entre les créationnistes et les darwiniens a été très sévèrement critiqué par les uns et les autres. Il reste néanmoins une position parfaitement cohérente et défendable.

A coté de cette agitation américaine, il ne faut pas oublier notre vieux continent. Le vitalisme y est né, qui stipule que la matière vivante possède un principe vital original.

C'est l'opinion exprimée par des philosophes comme Leibniz avec son entéléchie première, Schopenhauer avec l'œuvre d'une volonté ou Bergson avec l'élan vital. La finalité dans le vivant a aussi été démontrée par des scientifiques tels que le physiologiste Barthez et l'anatomiste Vialleton[25] de Montpellier, Cuénot[26] de Nancy parlant de préadaptations, Vandel de Toulouse ou Leconte de Noüy[27] qui parle de téléfinalisme, une sorte d'antihasard qu'il est aussi simple, selon lui, d'appeler Dieu.

24. Behe M.J., La boîte noire de Darwin ; L'intelligent Design. Presses de la Renaissance. 2009.

25. Vialleton L., Membres et ceintures des vertébrés tétrapodes. Critique morphologique du transformisme. Paris, Octave Doin. 1924.

26. Cuénot L., Invention et finalité en biologie. BPS, Flammarion. 1941.

27. Leconte de Nouy P., Entre savoir et croire. Ed. Gonthier/Hermann. 1964.

Une place à part peut être faite au jésuite et paléontologue Teilhard de Chardin[28], compte tenu de son grand rayonnement international, générateur de polémiques encore actuelles. Il crée sa propre terminologie et parle d'un point oméga vers lequel l'humanité s'élèverait progressivement laissant supposer que l'évolution n'est pas terminée. Sa façon de concilier foi et science lui a valu malheureusement d'être interdit de publication par les autorités religieuses.

Enfin, il est utile de citer Georges Salet[29], un brillant polytechnicien français qui s'est opposé à Monod en publiant en 1972 une antithèse titrée: «Hasard et Certitude» où il conclue que «ce ne sont pas ceux qui pensent que les êtres vivants ont été suscités par une Intelligence qui font appel au miracle, ce sont ceux qui le nient».

Encore plus récemment en 2007 a été largement diffusé dans toutes les universités européennes et américaines un Atlas de la Création magnifiquement illustré et préparé par un musulman turc Adnan Oktar[30] (Harun Yahya) qui mène un combat original contre le darwinisme en citant abondamment le Coran.

Après cette rapide et forcément incomplète présentation des deux modes de pensée possibles face au monde vivant, il est important de tenter de faire une synthèse.

D'un côté, il y a ceux qui pensent que les 3 millions d'espèces que nous connaissons se sont engendrées les unes les autres à partir d'un ancêtre commun par le jeu de mutations aléatoires non prévisibles et non programmables, sélectionnées par un jury fait de facteurs physicochimiques variables en fonction de l'environnement (ou biotope) dans lequel elles se trouvent et que l'on appelle la sélection naturelle.

---

28. Teilhard de Chardin P., Le Phénomène Humain. Seuil, 1955.

29. Salet G., Hasard et certitude. Saint-Elme, 1972.

30. Harun Yahya., Atlas de la Création. Tomes I,II,III. Editions Global. 2007.

De l'autre côté, il y a ceux qui pensent que cette intelligente complexité du monde vivant et sa très large biodiversité ne peuvent pas s'être mises en place sans l'aide de facteurs extérieurs que l'on peut inscrire sous le terme général de « constructeur ». Certains affichent la couleur, en appelant le constructeur, Dieu avec l'émergence successive des trois religions monothéistes: juive, chrétienne et musulmane. D'autres sont plus réservés et préfèrent séparer les deux magistères de la science et de la foi.

Marco est un médecin très intelligent qui a connu l'essor prodigieux de la radiologie créant une véritable révolution en donnant aux médecins des outils exceptionnels d'analyse d'images du corps humain de plus en plus précises, et non seulement statiques mais aussi dynamiques, montrant les organes en fonctionnement. Il se dit agnostique pour ne pas dire athée et ne fréquente aucune religion. « Je suis maintenant persuadé que tout ce que je vois dans le corps humain ne peut pas s'être fait seul sans un plan prédéterminé et une intelligence technique de très haut niveau. Mais ce Dieu plein de bonté dont on parle, nous a mis en réalité dans des situations physiques et mentales épouvantables avec toutes ces maladies dégradantes touchant tout le monde y compris les enfants, qui n'ont rien demandé et sûrement pas de se retrouver dans un lit d'hôpital. Je veux bien accepter l'idée d'un constructeur que je ne connais pas, mais en tout cas on devrait supprimer tous ces prêcheurs en robes noires ou colorées qui ne sont après tout que des hommes avec tous les vices que nous leur connaissons. »

Sans être aussi clastique, il nous faut maintenant sérieusement raisonner sur la position à prendre. Pour ce faire, nous pouvons analyser attentivement les trois points suivants.

1. On peut considérer comme sûr que les différentes espèces animales et végétales visibles sur la terre sont arrivés successivement et que l'homme a été le dernier. Avant l'arrivée de celui-ci, le musée de la vie (la nature) avait des

règles strictes empêchant tout chaos copulatoire grâce à la spéciation qui regroupait des animaux interfécondables, isolés des autres espèces par une barrière génétique. Les hybrides, issus de croisements d'espèces voisines comme le mulet sont stériles ce qui est un argument valable pour donner à l'espèce sa valeur fondamentale.

De ce fait, l'hypothèse formulée par Darwin de la descendance à partir d'un ancêtre commun par petites modifications successives à chaque génération (gradualisme), et donc de la filiation interspécielle par mutations triées par la sélection naturelle, devient très discutable et de fait, inacceptable. De plus, aucun laboratoire n'a pu démontrer le passage d'une espèce à l'autre par mutations (cf. la drosophile) ce qui achève de rejeter la théorie évolutionniste sous toutes les formes modifiées qu'elle a pris au cours du temps (cf. théorie synthétique, ponctualisme...).

2. Nombreux sont les exemples, parmi les trois millions d'espèces connues, de solutions techniques de haute technologie. Par ailleurs, aucun fossile connu n'est un raté de l'évolution, même les plus anciens. Les modèles d'auto-organisation invoqués fréquemment pour tenter d'expliquer l'évolution ne sont pas applicables à des systèmes complexes comme ceux rencontrés dans la biologie. Par ailleurs, ni l'homme ni les animaux n'ont pu agir au cours du temps sur la mise en place des espèces ou l'acquisition d'un dispositif de haute technologie.

Il devient donc clair que les systèmes biologiques tels que nous les connaissons bien aujourd'hui n'ont pas pu exister par eux-mêmes et qu'il faut accepter l'idée de l'intervention d'une énorme puissance d'innovation technologique pour en rendre compte. Le concept qui semble le mieux convenir pour la caractériser consiste à parler de « constructeur », ce terme général ne préjugeant pas de sa véritable nature.

3. La question logique qui se pose alors à ce stade du raisonnement est de dire : va pour le constructeur, mais quel est-il et où est-il ?

Bien entendu, certains ont la réponse en invoquant Yahvé, Dieu ou Allah, mais nous qui tentons de réfléchir d'une façon la plus objective possible, à la façon du scientifique qui cherche au travers de faits reproductibles une évidence indiscutable, nous sommes obligés de dire que nous ne le connaissons pas, que nous n'avons jamais pu communiquer directement avec lui et que nous ne savons pas ce qu'il est réellement, ni sous quelle forme il existe.

Il existe bien un moyen pour s'en sortir : observons ce qui se passe quand nous cherchons à percevoir un auteur qui a disparu parfois depuis très longtemps et que nous ne pouvons pas bien entendu communiquer directement avec lui. Il suffira de prendre quelques exemples.

Le premier concerne un musicien que nous aimons tous, Wolfgang Amadeus Mozart, mais avec lequel nous ne pouvons plus converser puisqu'il est mort le 5 décembre 1791. Cependant, nous pouvons percevoir certains éléments de sa personnalité au travers de ses œuvres musicales : une rigueur dans le maniements des notes, une sensibilité particulière dans les adagio pleins de tristesse, une forme d'espièglerie dans les rondo capricioso, une puissance expressive dans les opéras...

Autre exemple, les peintures rupestres de grottes comme celles de Chauvet ou d'El Castillo dans le nord de l'Espagne dont on sait maintenant par la radio-datation à l'uranium qu'elles ont été peintes il y a plus de 35 000 ans, peut être par des néanderthaliens dont on n'a pas cependant trouvé de restes dans ces grottes pour pouvoir l'affirmer.

Autre exemple, Rapa Nui, l'île de Pâques qui doit son nom à sa découverte par le hollandais Jacob Roggeveen le jour de Pâques 1722. On y trouve des statues géantes, les moai aringa ora sur les flancs du volcan Rano Raraku. Ces statues impressionnantes ont été sculptées dans les roches du volcan, ou sur place ou transportées quelquefois à de grandes distances, sans que l'on sache exactement comment. C'est aussi le cas des énormes monolithes de Balbek au Liban qui ont formé des murailles parfaitement alignées avec des techniques utilisant la main d'œuvre humaine, des rondins de bois, de l'eau et beaucoup de sueur et d'épuisement souvent mortel.

C'est encore ce que l'on peut admirer en Egypte avec ces pyramides parfaitement géométriques que nous n'avons pas vu construire, mais que les archéologues cherchent à décrypter. Autrement dit, les exemples ne manquent pas pour démontrer notre capacité à connaître au travers de leurs œuvres : musique, peinture, sculpture voire écriture, des auteurs disparus.

Alors pourquoi n'en serait-il pas de même de notre « constructeur » que l'on peut essayer de connaître au travers de son œuvre magnifique et diversifiée que l'on appelle la nature ? Si nous nous essayons à cet exercice, nous pouvons dire qu'il est sûrement :

— d'une part, extrêmement puissant quand on voit l'organisation précise de l'univers où des masses énormes (étoiles, planètes, galaxies) à des distances inimaginables chiffrées en années lumières tournent sur elles mêmes et se déplacent selon des trajectoires que nous connaissons bien et qui en se croisant nous donnent des images étonnantes d'éclipses prévisibles par les astronomes scrutant le ciel avec leurs lunettes de plus en plus puissantes ;

— d'autre part, un excellent ingénieur à la façon dont il a su manier avec succès les nanotechnologies du vivant et particulièrement des milliards de cellules de notre corps et des innombrables capteurs de toutes sortes mesurant tous les paramètres utiles et nécessaires au fonctionnement des organes, ainsi que la subtile et efficace programmation des groupes de neurones du cerveau ;

— un excellent concepteur également en inventant entre autre la sexualité (mâle/femelle) à l'origine d'une inépuisable diversité au sein de chaque espèce, et l'amour sous toutes ses formes, seul gage d'une vie harmonieuse ;

— de plus, un exceptionnel artiste dans le choix et l'usage des formes et des couleurs aussi bien pour les fleurs qui font notre admiration que pour les couchers du soleil qui allument dans le ciel des peintures éphémères ;

— enfin, il y a même de l'humour dans son œuvre, ne serait-ce qu'avec ces oiseaux à la cervelle grosse comme une noix et qui parlent comme des hommes (perroquet ou merle indien) ou ces trois races de grands singes dit anthropoïdes qui sont comme des caricatures d'humains et où chacun peut reconnaître la tête d'un voisin, d'un ami ou mieux, d'un ennemi juré, ou même d'une belle-mère irascible.

Après cette évocation volontairement lyrique, la vraie question qui se pose est : pourquoi ce constructeur génial est-il invisible et muet ? Est-il simplement muet, ou sourd et muet, c'est-à-dire n'entendant pas les demandes angoissées pour la guérison d'un proche ou les suppliques de tous ces humains qui prient sans avoir de réponse ?

On peut évidemment se le demander quand on voit, comme nous avons essayé de le décrire, notre monde « sur ses rails » avec toutes ces horreurs insupportables, ces cataclysmes permanents, ces guerres meurtrières, ces enfants persécutés ou qui meurent encore de faim, ces dictateurs paranoïaques que rien n'arrête, ces épidémies dévastatrices… La liste de ces méfaits de la vie est longue, hélas !

Or notre constructeur laisse faire sans se manifester lui-même.

En l'absence de réponse claire à cette question, on ne peut que faire une hypothèse. Le constructeur silencieux, objet de ce livre, nous laisserait volontairement entièrement libre et responsable de nos comportements, bons ou mauvais, et il accepterait même, comme le font les athées et les agnostiques, que l'on puisse nier qu'il existe.

Si on se tourne de nouveau vers les trois religions monothéistes, on nous dit que ce Dieu invisible et muet s'est quand même exprimé clairement au prophète juif Moïse pour lui donner les Tables de la loi avec ses dix commandements qui servent de guide moral pour les juifs.

Il aurait aussi envoyé sur la terre son fils Jésus qui a pu s'habiller en humain en naissant du ventre de la vierge Marie. Durant une vie courte, il a prêché l'amour du prochain, même s'il est un ennemi, et enseigné par paraboles transcrites dans les évangiles des quatre apôtres *(Nouveau Testament)*. En se démarquant totalement des comportements sociaux de l'époque et en remportant un immense succès populaire, il a déclenché une terrible vague de jalousie de la part des grands prêtres juifs qui le firent crucifier à la manière romaine via l'occupant Ponce Pilate, car ils n'avaient pas le droit de le faire eux-mêmes. Cette mort atroce précédée de la pire des humiliations (flagellation, abandon de la plupart des siens) a été acceptée par Jésus pour sauver l'humanité. Trois jours après, ce fils de Dieu ressuscite avec un corps différent puisque ses disciples avec lesquels il continue de vivre quelques temps ne le reconnaissent pas.

Natale est un excellent médecin qui a beaucoup réfléchi à ces problèmes et qui dit: «Si le Christ est vraiment le fils de Dieu, il est évident qu'il ne peut pas mourir en tombant comme nous dans le néant de la mort. En revanche, est-ce que cela veut dire que nous aussi nous ressusciterons pour avoir enfin la réponse aux questions de base que nous nous posons?». Ce serait évidemment magnifique et assez logique de se retrouver tous un jour avec sans doute un corps différent mais avec obligatoirement un équivalent de cerveau pour être «nous» et comprendre, puisque le nôtre aurait été mangé par les vers ou brûlé et dispersé.

C'est là que s'arrête la science et que commence la foi, c'est-à-dire une croyance dans des paroles ou des écrits sans avoir l'évidence scientifique, ni la confirmation directe par le constructeur silencieux. Le paradis et l'éternité restent des espoirs que partagent aussi les musulmans. Personne n'en est revenu pour nous dire ce qu'il en est, mais la plus grande vraisemblance sera que nous devrons séjourner un temps inconnu (nul ne sait ni le jour ni l'heure) dans le néant de la mort, en attendant dans le calme absolu un éventuel retour et un jugement dernier.

# IV. COMMENT ORGANISER SA VIE

Après tout ce que nous avons écrit et dit, il faut maintenant essayer de trouver la bonne recette pour organiser au mieux notre vie, ce qui n'est évidemment pas facile. Ce type d'exercice peut aboutir à un discours moralisant mal accepté et d'un goût douteux. Aussi, avant de s'y lancer, il nous faut essayer de décrire l'état d'esprit dans lequel nous pourrions ou devrions être à ce moment de notre lecture.

On devrait considérer comme acquis qu'il existe derrière toute cette fresque polychrome de la vie un constructeur puissant et génial. En revanche, il est invisible et silencieux, donc impossible à contacter directement. On a beau nous dire : « Il a parlé par les prophètes », il faut y croire, ce qui n'est pas une obligation qui vienne naturellement à l'esprit.

Par ailleurs, nous sommes sûrs d'où nous venons, puisque la plupart d'entre nous ont un père et une mère, et même si ceux-ci ne sont pas biologiques, c'est-à-dire ayant donné leurs gamètes, ils ont conduit l'éducation et la survie, plus ou moins bien, mais en général avec amour. Nous sommes sûrs d'aller tous à la mort, c'est-à-dire à la fin du « penser ». Entre les deux, il y a l'existence et c'est précisément sur celle-là qu'il faut réfléchir pour la rendre la plus acceptable possible, et pourquoi pas heureuse. On peut donc discuter trois propositions qui ne sont évidemment que des suggestions :

La première suggestion est de s'appliquer le plus fréquemment possible le « Connais-toi toi-même » de Socrate. Nous nous regardons dans la glace tous les matins, mais souvent sans nous voir. Nous avons aussi une tendance à l'indulgence envers nous-mêmes et sommes souvent étonnés des critiques à notre égard formulées dans notre dos, quelquefois même par des proches. Il faut, pour se jauger et se juger, des référentiels. Ou alors il faut une capacité d'autoanalyse objective avec des critères et des échelles de mesure tirés de connaissances sérieuses en psychologie.

En réalité, si l'on veut que chacun puisse se livrer à cet exercice, il faut d'abord se poser la question : qui suis je ?

On peut alors se fabriquer son propre curriculum avec deux tendances si possible à éviter:

— d'abord, « Je suis vraiment une personne de qualité, au physique attrayant, à la vive intelligence qui me donne une conversation agréable, appréciée par mes collègues et par ma famille... Je ne me vois pas de défaut majeur. »

— ensuite, « Je suis nul, incapable de réaliser quelque chose de bien et finalement pas très intelligent, avec un caractère difficile qui empêche les autres de m'aimer. »

Bien entendu, entre le paranoïaque content de lui et le déprimé mal dans sa peau, il faut trouver sa juste place et éventuellement compenser. Il faut « être » sans chercher sans cesse à paraître. Se tromper soi-même en se faisant des illusions finit par une brutale prise de conscience hautement déstructurante. C'est finalement la même chose pour ceux qui nous entourent. Il faut les prendre comme ils sont et non comme on voudrait qu'ils soient. Les grands égoïstes qui sont principalement soucieux d'eux-mêmes et peu des autres qui les entourent ne sont pas toujours pleinement conscients de leur moi hypertrophique et les faire changer est une mission impossible.

D'ailleurs, les efforts faits pour se montrer à l'autre sous un bon jour ne résistent pas à l'épreuve du temps et quand on sait que nos neurones sont présents à la naissance en nombre quasiment constant et que notre caractère génétiquement déterminé a du mal de changer, il faut apprendre à compenser. Par exemple, on pardonne à une femme d'être physiquement disgracieuse si elle a du charme et un beau sourire. Un bellâtre microcéphale et muscularisé peut devenir sympathique, s'il est gentil ou généreux et ne passe pas son temps à bomber le torse comme un gorille au dos argenté.

Bref, La Bruyère aurait sûrement mieux exprimé ces évidences sociales, mais finalement, se connaître vraiment n'est pas aussi simple et compenser d'une façon acceptable pas aussi facile.

Pourtant, il y a des éléments très positifs à cette recherche de lucidité et de réalisme dans l'analyse du soi.

Par exemple, le problème des dons ou talents. Compte tenu de ce que nous avons vu à propos du programme génétique, nous héritons dans celui-ci de prédispositions à exploiter dans des domaines très divers comme par exemple la musique, le dessin, l'habileté manuelle, la résistance physique... C'est ainsi qu'il y a des familles de musiciens, de peintres, de sculpteurs, d'écrivains... comme il y a malheureusement aussi des familles de cancéreux, de cardiaques, de diabétiques... Détecter un don réel chez un enfant impose de le développer.

Il faut évidemment éviter de projeter sur son enfant les manques de notre propre vie ou les ratés de notre propre éducation. Combien d'enfants ont souffert devant un clavier ou une partition, parce que leurs parents voulaient en faire des musiciens, ce qu'ils n'avaient pas du tout envie d'être. A vrai dire ce type d'obstination parentale résiste peu de nos jours à la libéralisation des modes de vie des enfants et des adolescents.

C'est aussi le cas pour les études. Combien d'enfants sages et soumis se sont lancés dans des études difficiles pour obéir au désir de leurs parents qui auraient voulu faire de même, mais qui avaient raté leur vocation.

En tout cas, il est hautement souhaitable de considérer l'égalité républicaine comme une illusion dangereuse et démagogique. En effet, il y a une hérédité des aptitudes qui nous rend tous inégaux et la difficulté majeure est de se donner les moyens de les détecter assez tôt afin d'éviter les erreurs d'orientation chez les jeunes. Elles aboutissent souvent à des échecs en série, générateurs de profondes et dramatiques perturbations psychologiques avec dévalorisation difficile à rattraper.

Heureusement qu'il y a les hobbies que l'on appelle les violons d'Ingres. Tel fonctionnaire obligé de gratter du papier ou de classer des dossiers pendant les heures imposées du travail hebdomadaire attend avec impatience la fin de semaine où il peut enfin s'adonner à ce qu'il aurait voulu faire : jardinage, bouturage, lecture, écriture, peinture, sport, production de miel... la liste est longue des hobbies qui auraient pu être des activités principales.

Que dire alors de la vieillesse qui dégrade tout et change la morphologie de tout le « vêtement-peau » pour le plisser et l'affaisser au point de le rendre méconnaissable. S'accepter comme l'on est et ne pas courir les instituts qui se disent de beauté, arrêter de se mettre sur le cuir la dernière pâte de la dernière publicité, refuser de se faire tirer le masque au point de ne pouvoir plus sourire sans plisser les yeux, laisser en paix les vaincus de la pesanteur, renoncer aux couleurs qui désertifient la forêt capillaire... Tout ceci n'est pas donné à tout le monde et c'est souvent un combat perdu d'avance.

En conclusion de ce premier objectif, il faut essayer de se bien connaître pour se plaire d'abord à soi-même comme on se voit et comme on est, pour ensuite se tester sur les autres.

Il vaut peut-être mieux être un peu indulgent pour soi que trop difficile pour éviter de sombrer dans la dépression. Mais pour ceux qui nous entourent et dont nous avons la responsabilité de l'éducation, il faut impérativement chercher à les connaître tels qu'ils sont sans projeter sur eux nos propres désirs refoulés. Facile à dire, mais passablement délicat.

La deuxième suggestion est basée sur le fait que les humains vivant en société ont eu besoin dès le début de leur histoire de se faire un code comportemental qui s'appelle une morale de vie. Il y a, semble-t-il, le choix entre trois possibilités.

La première est d'adopter une morale biologique dont nous avons vu qu'elle était basée sur la recherche du plaisir qui fait marcher la machine et active le « kit de survie » : manger, copuler et se trouver un territoire pour le faire. Chez l'animal, tout est automatisé de façon quasiment absolue et point n'est besoin de réflexion ou de supputation philosophique, mais plutôt de force musculaire pour éliminer les concurrents à coup de bec, de corne, de griffe ou de dent.

Chez l'humain, c'est plus subtil. En cas de résistance, il faut du biceps ou du logos approprié ou éventuellement des billets (à la rigueur une carte bancaire ou un chèque). A l'extrême, et en l'absence de scrupule ou avec une alcoolémie suffisamment pesante, on peut carrément supprimer l'adversaire et grâce au génie technique des hommes, on a vraiment le choix des moyens. Ce premier niveau de morale existe et ne rend pas la vie facile. La raison du choix est à rechercher dans l'éducation reçue, une réelle lutte pour la vie (à la manière de Darwin) en raison d'un environnement pauvre en tout, ou une conformation encéphalique particulière issue d'un programme génétique de mauvaise qualité.

Les arguments pour essayer de corriger ce choix d'une morale biologique sont assez difficiles à trouver face à un gros qui n'arrête pas de se gaver et nous coûte cher parce qu'il finit par être diabétique ou face à un jeune débile qui vous a volé votre voiture parce qu'il n'en avait pas et en voulait une et que vous, vous en aviez une et que vous n'aviez pas envie de lui donner. Question de justice sociale.

La deuxième possibilité est d'accepter la morale civique. Celle-ci est l'une des conséquences obligatoires de la vie en société. Elle est fabriquée par les hommes qui créent et forment une catégorie particulière de faiseurs de lois avec des arrêtés, des circulaires, des amendements, un journal officiel, des députés et des sénateurs pour en discuter, des policiers pour vous arrêter, des juges pour vous inculper si vous ne respectez pas les lois, des avocats payés pour vous défendre et des prisons pour vous empêcher d'ennuyer les bonnes gens et de nuire à l'équilibre social.

La morale civique varie d'un pays à l'autre et nourrit une quantité impressionnante de personnes qui seraient dans la misère si tout le monde décidait de vivre gentiment dans l'honnêteté, le respect de la dignité des autres, en bref avec réellement « liberté, égalité, fraternité ». Si l'on veut vivre tranquille, il vaut mieux respecter les lois, mais ce n'est pas forcément la morale civique imposée par les humains aux autres humains qui peut vous rendre parfaitement heureux.

La troisième possibilité est de suivre une morale transcendantale que seule une religion peut donner, car elle est en grande partie faite pour cela. Il faut donc la choisir en connaissance de cause ou alors se comporter comme un agnostique plus ou moins torturé par la mort avec ou sans suite. Il y a trois grandes religions monothéistes.

La religion juive la plus ancienne ne se choisit pas, car on naît juif ou pas. La cohésion y est forte à cause de cela. Les rites existent avec une histoire riche et un livre clé, la Bible. Moïse a reçu les dix commandements qui sont des préceptes de vie parfaitement clairs : «...tu honoreras ton père et ta mère; tu ne commettras point d'assassinat, point d'adultère; tu ne déroberas point, tu ne convoiteras point la maison de ton prochain, la femme de ton prochain, ni son serviteur, ni sa servante, ni son bœuf, ni son âne, ni aucune chose qui appartienne à ton prochain. »

Il y a les fêtes traditionnelles : Roch Hashana, Yom Kippour, Souccoth, Pessah, Chavouoth, Hanoukkha, Pourim et aussi les prescriptions alimentaires (la cacherout) : séparation absolue des aliments carnés et lactés, rejet des animaux impurs (porcs et fruits de mer), abattage rituel avec élimination du sang...

Les chrétiens[31] eux prêchent l'amour du prochain et acceptent tout le monde. Ils ont aussi leurs rites, leurs fêtes, leurs commandements avec peu de prescriptions alimentaires, leurs sacrements, mais surtout la venue du Messie, (le Jésus Dieu dans la trinité du Père, du Fils

31. Tassot D., La bible au risque de la science. F.-X. de Guibert, 1997.

et du Saint-Esprit) que les juifs attendent encore et ne reconnaissent pas. Il a établi comme pratique de base la communion du pain et du vin comme symboles fort du corps et du sang du Christ rédempteur. Cette forme de schisme par rapport à la religion juive eut rapidement un immense succès et s'est maintenue au fil des siècles malgré les multiples persécutions.

Enfin, les musulmans dans l'Islam[32] doivent dire cinq fois par jour qu'il n'est de Dieu qu'Allah et que Mahomet est son prophète, ce qui établit clairement deux catégories de personnes : les croyants et les infidèles. Ils ont leurs fêtes traditionnelles avec le jeûne obligatoire du mois du ramadan, l'aumône (zakat) remise aux pauvres à partir des revenus superflus en rapport avec les besoins immédiats et la fête de l'Aïd-el-Adha, commémorant le sacrifice d'Abraham en tuant un mouton à partager ensuite entre amis.

Le pèlerinage à la Mecque doit se faire au moins une fois dans sa vie si on en a les moyens. Le prophète Mahomet, on le sait, était initialement un commerçant, puis il est devenu un guerrier, grand amateur de femmes et de bonne chère. C'est sans doute ce qui pourrait expliquer l'acceptation officielle de la polygamie chez les musulmans.

Ce n'est là qu'un aperçu schématique des trois religions monothéistes. Si on le préfère, on peut aussi se tourner vers le Bouddhisme dont les prescriptions ne dépendent pas d'un Dieu unique et créateur de toutes choses, mais naissent de l'observation de la loi de l'existence que chacun peut essayer de comprendre en suivant une morale du détachement et du dégagement.

En y réfléchissant un peu plus pour affiner notre choix, on peut arriver à la conclusion que les positions des athées (qui n'acceptent pas l'idée de Dieu) et des agnostiques (qui ne savent pas, mais restent ouverts à une hypothèse) sont parfaitement concevables du fait que le constructeur est invisible et silencieux et donc se dérobe à

32. Fresafond J.-P., L'islam expliqué aux autres fidèles. Aléas, 2005.

une approche directe et tangible, qui, si elle était possible, ne serait plus discutable.

Mais croire que nous venons d'un singe arboricole pour aller dans le néant de la mort a quelque chose de décourageant, voire de désespérant. Aussi est-il sans doute préférable d'avoir une religion qui donne des clés de réponse à nos angoisses même si nous savons que nous ne pouvons pas avoir de réponses directes à nos prières.

La dernière suggestion sera d'analyser nos critères de bonheur. En effet, le bonheur est par définition « un état de complète satisfaction et de plénitude ». Comment accéder à ce vaste programme ? En d'autres termes, quelles sont nos conditions pour être heureux ?

Apparemment, peu de personnes ne souhaitent pas le bonheur. Mais tout le monde ne se pose pas la question de comment l'obtenir. Grossièrement on peut considérer deux catégories de personnes.

Celles qui sont toujours contentes en recherchant toujours dans des situations contraignantes le positif supérieur au négatif, ou qui savent évacuer le stress inutile des circonstances contre lesquelles on ne peut rien faire soi-même. Ce sont ces personnes qui dans les scènes de ménage se mettent en position d'abstraction comme l'escargot qui rentre dans sa coquille et pensent à autre chose. Ces personnes sont en général des optimistes qui aiment rire, quelquefois bêtement (mais cela repose aussi des intellectuels torturés).

A l'opposé, il y a ceux qui ne sont jamais contents. Ils ont la maison bien meublée, une belle situation bien rémunérée, la voiture moderne, la femme dépensière mais présente, les enfants obéissants, la maison à la campagne, la légion d'honneur reçue des mains du président de la République... bref tout, mais cela ne leur suffit pas. Ils ne sont jamais heureux, toujours inquiets et à la recherche de quelque chose. Ils finissent d'ailleurs souvent par un AVC qui les cloue dans leur palace.

Devant la très grande variété des critères de bonheur individuel, on peut se demander s'il est possible d'en établir une hiérarchie ? Il y a de nombreux classements possibles, mais on devrait trouver un consensus sur le choix de deux critères principaux : l'amour et la santé.

L'amour est une force merveilleuse dont, comme pour l'intelligence, l'absence se définit parfois mieux que la présence. C'est avant tout une communication exquise reposant sur une complicité, qui n'a pas toujours besoin de mots pour exister. Un regard, un senti aigu de l'autre, un accord total de phase, un jugement très proche, des goûts communs, une communauté de pensée, un rire partagé suffisent.

Quand en plus il y a l'attraction physique avec le besoin de se toucher, de se caresser et plus : c'est le bonheur assuré. Mais cela ne se trouve pas toujours facilement et pour avoir tous ces aspects réunis, il faut souvent savoir attendre. Il y a aussi ceux qui donnent de l'amour de façon totalement désintéressée en accomplissant des tâches humanitaires aux quatre coins du monde et le plus souvent dans des conditions difficiles voire dangereuses.

Alors peut-on aimer plusieurs personnes à la fois ?

Difficile question. Dominique est ce que l'on appelle un beau garçon. Il a le sourire ravageur, la gentillesse en bandoulière et il s'intéresse à l'autre en sachant l'écouter ce qui n'est pas si fréquent. Il dit : « C'est le genre de question que l'on vous pose en gastronomie et au restaurant. Est-ce que tu préfères le caviar ou la langouste thermidor ? Ma réponse est que je les aime tous les deux parce que c'est un plaisir différent, pour le choix duquel je ne peux pas et finalement ne veux pas me prononcer. Je les apprécie pleinement l'un et l'autre. »

Et c'est là que commence le problème. Il y a des passionnés d'amour comme il y a des passionnés de peinture, de sculpture ou de statues Dogon. On devient vite un collectionneur, mais quand il s'agit de bipèdes, il faut avoir la bonne technique et surtout une bonne mémoire. Si l'on est incapable d'être comme un cloisonné japonais avec plusieurs vies en parallèle tout en donnant ce qu'il faut à chacun, mais en jouant subtilement avec les non-dits ou les demi-vérités (en fait des mensonges, NDA), il vaut mieux abandonner ou sombrer dans le drame conjugal et/ou passionnel.

Cela pose aussi le problème de l'obsession que certains ont de dire la vérité à tout prix avec une horreur du mensonge. Mais asséner une vérité brutalement, sans les nuances imposées par la situation et la prise de conscience des conséquences pour l'autre, peut être considéré comme une forme d'indélicatesse et même de cruauté mentale.

Dans un autre ordre de circonstance, dire sans ménagement à un patient déjà angoissé qu'il a un cancer grave témoigne d'un manque de la plus élémentaire psychologie, même si la loi désormais impose aux médecins, sous peine de risque d'un recours judicaire, de ne rien cacher au patient. C'est la différence entre une conception humaniste de la médecine et un comportement de pur technocrate.

Quoiqu'il en soit, l'amour est indispensable et il n'est pas toujours obligé de se doubler d'un phénomène sexuel, comme c'est le cas dans l'amitié. Celle-ci est rare parce qu'aussi exigeante que l'amour. Mais quelle merveilleuse source de bonheur que d'avoir quelques vrais amis. C'est évidemment banal de le dire mais les réalités de la vie et leurs problèmes souvent difficiles nous le démontrent un jour ou l'autre.

Autre question, l'amour peut-il durer ?

Certains répondent que tout dépend de la longueur du temps envisagé et surtout du degré de complicité des intéressés. Là encore, la peine d'amour peut être mortelle, mais personne n'est réellement indispensable et il y a sur la terre énormément de bipèdes, parmi lesquels il faut savoir trouver un remplaçant que l'on est sûr de trouver en cherchant bien.

Dans la réalité, ce qui brise souvent l'amour entre deux êtres, c'est la jalousie, le vrai poison de l'amour. On la retrouve partout sous des formes extrêmement diverses mais toujours perverses.

Emmanuel est un neurophysiologiste de qualité qui connaît bien le cerveau et en particulier le système limbique. Il explique: « La jalousie est du ressort de la territorialité limbique, qui chez l'animal s'exprime par le marquage d'un territoire, où trouver de la nourriture et des partenaires pour copuler. Il y a évidemment de la concurrence et le marquage par ce que les animaux ont facilement à disposition: urines, fèces en tout genre, glandes odorantes... a pour but d'avertir et d'éloigner les concurrents éventuels. Le système limbique du cerveau existe aussi chez l'homme avec cette territorialité possessive déclinée de façon variable mais touchant (dans un ordre de préférence variable) la femme, la maison, la voiture, les enfants, la secrétaire, les collègues, le bureau, les crédits, les heures de cours attribuées... C'est: « ne touchez pas à mon, ma, mes... ». Bien entendu la jalousie a souvent des raisons d'exister, mais bien souvent aussi elle est pure invention morbide d'un des partenaires et elle conduit de toutes façons au drame d'importance et de conséquences variables. Tous les opéras de Mozart reposent sur cette territorialité limbique qui se termine en général par l'élimination de l'objet jalousé. » Il a évidemment tout à fait raison et il faut en être bien conscient pour éviter le piège fatal.

Le second critère de bonheur est la santé, et personne ne peut le nier. Perdre l'usage d'une ou plusieurs fonctions crée un handicap, c'est-à-dire une incapacité et une gêne dans une situation particulière.

Aussi, tous ceux qui ont dans la vie des problèmes financiers, affectifs, familiaux mais qui ont leur quatre membres et peuvent marcher, courir, sauter n'ont pas le droit d'être malheureux, car perdre ces fonctions de base rend la vie très difficile.

Passer une journée dans un fauteuil roulant devrait être une expérience imposée à tous pour réellement comprendre le problème du handicap moteur. La médecine moderne a certes fait des progrès importants qu'elle continue sans cesse d'améliorer, mais elle ne peut pas cependant tout restaurer à l'état d'origine. Savoir s'adapter à des restrictions d'activité journalière importantes demande une grande dose de tolérance mentale et d'intelligence situationnelle pour garder encore des parcelles de bonheur. On parle alors du courage de vivre.

Ces deux critères importants ne sont pas les seuls et l'argent, les décorations, les honneurs ou la reconnaissance civique par voie électorale peuvent être les seuls critères de bonheur d'un certain nombre d'humains avec le risque, en cas d'échec, de sombrer dans la dépression ou, avec un peu plus d'intelligence, de réaliser la vanité de tels objectifs tout juste bons pour étoffer une notice nécrologique.

# CONCLUSIONS

Si comme lecteur, un peu rebuté par la complexité du propos, vous avez décidé d'aller directement voir la conclusion pour savoir comment cela se termine ou si vous êtes arrivé jusqu'au bout de ce livre, indépendamment du fait de ne pas pleinement adhérer à certains passages, vous devriez avoir, en y ayant réfléchi, des idées plus claires sur les réponses à ces deux questions :

1. Tout ce que je vois autour de moi et dans les livres comme animaux, plantes et animalicules divers, qui font le musée de la vie (la nature), ont-ils pu au fil du temps se faire seuls sans une aide extérieure fortement structurée, puissante et ciblée ?

Vous devriez répondre « Non » et donc accepter l'idée de ce que nous avons appelé un « constructeur » (terme générique qui ne présume pas de sa nature exacte) avec aussi la constatation qu'il est « invisible et silencieux », ce qui logiquement pose le problème de la perception de son existence et rend acceptable la position des athées et des agnostiques.

2. Toutes les espèces vivantes qui sont apparues successivement sur la terre sont-elles venues d'un ancêtre commun en se donnant naissance les unes aux autres (filiation interspécielle) par mutations aléatoires, sélectionnées par un ensemble de facteurs bio-physico-chimiques présents dans l'environnement ?

Là aussi vous devriez répondre « Non » et accepter que la théorie de Darwin soit non seulement tout à fait discutable, mais finalement inacceptable.

Si néanmoins vous pensez que la filiation interspécielle à partir d'un ancêtre commun existe (position évolutionniste) mais que son mécanisme est en rapport avec les lois de la nature créées par Dieu (position évolutionniste non darwinienne théiste), vous adoptez un compromis difficilement défendable qui vous place hors des normes des trois grandes religions monothéistes et en marge de la science.

L'objectif de ce livre est aussi de vous faire terminer sur une note optimiste. Car malgré ce monde perturbé dans lequel nous vivons, la vie est une merveilleuse aventure. Du fait du constructeur invisible et silencieux, nous pouvons contribuer fortement à la vivre, en grande partie à notre convenance, en choisissant ce que nous souhaitons et en étant pleinement responsable de nos actes. Notre vie n'est pas écrite dans un grand livre du début à la fin, mais elle se fait au jour le jour. Bien sûr rien de valable n'est tout à fait facile, mais en dehors du mal qui sait souvent se substituer au bien, nous avons une grande quantité de raisons d'espérer la conduire et la terminer au mieux.

Alors asseyez-vous un instant à l'écart du bruit de la foule et cueillez l'une de ces petites fleurs qui poussent sans se faire remarquer dans l'herbe à vos pieds et qui, après avoir sans le savoir suscité votre émerveillement par le chatoiement de ses pétales et l'arrogance de son pistil, connaîtra comme nous la fin inéluctable de son cycle. Si elle avait pu vous convaincre définitivement du génie exceptionnel du Dieu silencieux, elle aurait accompli une très bonne action que revendiquerait volontiers l'auteur de ce livre.